한국교회 새신자 정착모델 베스트 4

새신자 정착률 100배 높이기

한국교회 새신자 정착모델 베스트 4

교회성장연구소 편집부 엮음

교회성장연구소

CONTENTS

Intro   6

part 01

새신자, 그들은 무엇을 원하는가?

01_ 새신자를 알면 새신자 정착이 보인다   13
02_ 기업의 고객 관리와 새들백교회의 새신자 운영   33
03_ 새신자 50명에게 물었습니다   47

part 02

새신자 정착에 관한 효과적인 운영 원리

01_ 새신자 정착의 3단계 전략   59
02_ 새신자 사역은 종합예술이다   77

part 03

한국교회 새신자 정착모델 베스트 4

01_ 새신자 정착의 기본 틀을 이해하라 [사랑의교회]   89

02_ 일대일 양육으로 승부하라 [선한목자교회]   113

03_ 단계별 정착 양육 시스템을 구축하라 [제자교회]   133

04_ 양육 위원들을 전문화하라 [장석교회]   153

Bonus   중소형 교회 새신자 정착의 새로운 제안   177
성민교회 새신자 OT예배

Intro

현대 교회의 큰 문제는 교회가 전도하지 않는 것이며 그보다 더 안타까운 것은 그나마 전도된 새신자를 붙잡지 못한다는 것이다. 전도의 황제 빌리 그래함이 전도 대회를 통해 결신 시킨 9백만의 초신자 중에서 교회에 정착한 사람은 전체의 10% 미만이라는 충격적인 보고가 있다.

일반적으로 도시 교회의 경우 그 교회의 출석 성도만큼의 새신자가 교회를 찾아온다. 그 새신자들만 붙잡아도 매년 성도 수가 배가 된다는 이론이다. 그러나 앞문으로 들어온 새신자를 뒷문으로 빠져 나가도록 허락하기에 항상 교인은 제자리 숫자이다. 그러므로 교회 성장을 위해서는 앞문으로 전도도 열심히 해야 하지만 새신자가 뒷문으로 나가지 않도록 철저하게 정착시켜야 한다.

즉, [교회 성장=전도+새신자 양육]이라는 등식이 성립된다.

엄밀한 의미에서 새신자는 '새로 믿은 사람, 곧 기독교 신앙을 방금 갖게 된 사람'을 가리킨다. 그러나 현실적으로 보면, '기독교 신앙을 방금 갖게 되었거나 가질 뜻을 두고 교회에 가입한 사람'을 의미한다. 왜냐하면 요즘 새신자는 주님을 영접한 사람이라는 의미보다는 기독교 신앙을 가질 '의향'이 있는 사람이라는 것을 뜻하기 때문이다.

이러한 일반적 상황을 고려하면, 새신자 사역에서 염두에 두는 새신자는 '새로 신앙을 갖게 되거나, 혹은 그렇게 할 의향을 가지고 교회에 등록하여 회원이 된 사람'이라고 정의할 수 있다.

따라서 교회에 등록은 하였으나, 거듭나지도 않고 기독교 신앙을 가질 의향도 별로 없이 반 타의적으로 혹은 완전 타의적으로 교회에 출석하는 사람들은 새신자라기보다는 전도 대상자로 보고 접근하는 것이 옳다.

그런데 문제는 오늘날 많은 교회들이 새신자가 어떠한 이유로 교회에 등록하였던지 간에 무조건 신자가 된 것으로 본다는 데 있다. 게다가 새신자들을 위한 신앙 교육 과정이 제대로 정립되어 있지 않은 교회도 많다. 또 새신자 반이 있더라도 이미 주님을 영접하고 수평 이동을 한 신자들과 구분없이 기독교 신앙과 교회 생활을 중심으로 너무나 피상적이고 일반적인 내용들로 교육이 이루어지고 있는 실정이다. 뿐만 아니라 적극적으로 기독 신앙이 무엇인지 알려고 하는 열정있는 새신자들이 매우 적기 때문에 이러한 과정을 개설해도 너무나 적은 비율의 사람들만이 참여한다.

새신자들은 필수적으로 학습과 세례의 과정을 밟게 되는데, 이 때에 기독교 교리를 중심으로 충분한 학습이 이루어지면 좋겠지만, 현실은 그렇지 못하다. 뚜렷한 회심의 역사가 없어서 신앙에 대한 열의를 느끼지 못하고 예배의 참석조차 일정하지 않은 사람들에게 충분한 시간을 가지고 교육시킨다는 것이 현실적으로 쉬운 것은 아니다. 이런 식으로 오늘날의 교회는 새신자를 교육시키는 데 있어 많은 문제점들을 안고 있다.

이 책은 이러한 문제 해결에 대한 대안을 제시하기 위해서 기획되었다. 궁극적으로 새신자 정착을 통해 많은 교회들이 진정한 교회 성장을 기대해 볼 수 있을 것이다.

수많은 교회들이 새신자를 위한 많은 프로그램을 진행함에도 불구하고 그들이 교회를 떠나는 경우를 자주 경험한다.

이러한 모습을 지켜보면서 던지는 질문이 있다. "도대체 새신자들은 무엇을 원하고 있는가? 어떻게 하면 효과적으로 정착시킬 수 있을까?" 이 책은 바로 이러한 질문들에 대한 답을 찾아가는 과정이다.

새신자들은 누구이며 그들이 원하는 것은 무엇인지를 발견하기 위해 전문가와 교회 정착을 희망하는 새신자들의 목소리를 들어보았다. 그리고 새신자 정착에 탁월한 노하우를 가지고 효과적으로 새신자 정착을 이루고 있는 교회들을 살펴보았다.

여기 소개된 4가지 모델 교회에서 효과적인 새신자 정착의 원리와 실제적인 방법들을 배울 수 있을 것이다. 이 책을 통해 각 교회의 새신자들이 그 뿌리를 깊숙이 내려 그리스도의 신실한 일꾼으로 자라길 소원한다.

part 01

새신자,
그들은 무엇을
원하는가?

새신자들은 누구인가? 어디까지를 새신자로 볼 것인가?
그들은 어떤 특징을 가지고 있는가?
새신자 정착을 위한 효과적인 방법은 무엇인가?
한국의 목회자라면 누구나 갖는 질문들이다.
새신자들은 다양한 특징을 가지고 있다.
그러므로 효과적인 정착을 위해서는 무엇보다 그들의 특징이 무엇이며,
효과적인 정착 방법이 무엇인지 고민해 봐야 한다.
백석대학교 김덕수 교수는 이러한 질문에 관심을 가지고
다양한 연구를 진행해오고 있다.
새신자 정착 양육에 대한 이야기에 앞서,
김덕수 교수가 밝히는 **새신자 정의**가 무엇인지 들어보도록 하자.
새신자 정착을 위한 중요한 시작점이 될 것이다.

| **김덕수 교수** 백석대학교 실천신학과 |

01

새신자를 알면 새신자 정착이 보인다

효과적인 새신자 정착을 위한 출발점

불신자가 교회에 처음 나왔을 때, 예수님의 사랑을 느끼고 경험하는 첫 번째 장이 새신자 사역이다. 그들이 갈구하는 사랑은 방문자와 이웃과 새신자들에 대한 배려를 통해 경험될 것이다. 그래서 주차장부터 교회 입구, 안내 위원 등은 물론 교회 로비, 엘리베이터에서부터 방문자에 대한 세심한 배려가 있어야 한다. 교회들이 1층에 새신자들을 위한 안내석, 서점, 카페, 도서관, 작은 갤러리 등을 배치하는 경우가 점차 늘고 있는 것도 이 때문이다. 이런 것이 단순히 시대적 트렌드요 유행이기 때문만은 아니다.

교회는 기존 교인들을 위한 시설을 운용할 뿐 아니라, 눈을 밖으로 돌려 불신 이웃과 구도자와 방문자, 새신자들에게 초점을 맞출 필요가 있다. 새신자 정착 사역은 무엇보다도 사람들에게 환영받는 분위기를 만들어 주는 것부터 시작돼야 한다.

환영의 분위기는 언제나 그렇듯이 과도하지 않고 자연스러우며, 형식이 아니라 마음속에서 진심으로 우러나는 것이어야 한다. 많은 교회들은 영접 위원들에게 제복같은 유니폼을 입히고 호텔 종업원처럼 혹은 유명 레스토랑 웨이터같은 깍듯이 대하는 영접 방식을 교육시키기도 한다.

> 새신자 정착 사역이라 할 때 새신자에는 불신자도 있고 교회에 정착하지 못해 방황하다가 온 수평 이동 교인도 있다는 것을 전제로 해야 한다

그러나 새들백교회가 그토록 많은 불신자들을 교회로 끌어들일 수 있었던 데에는 주차장 곳곳에서부터 예배실에 이르는 계단 곳곳에 명찰 하나 달지 않고 평상복을 입은 채로 여기저기서 얼굴에 환한 미소를 띠고 손을 흔들고 악수하며 정말 자기 집에 방문한 손님을 향한 사랑의 환대를 느끼게 한 것도 한 몫 했음을 주목할 필요가 있다.

이 환영이 직업적으로 혹은 사무적으로 행해지는 것이 아니라 교회 혹은 교인들이 나 같은 방문객에게도 이처럼 관심이 있고 사랑이 넘치는 교회란 느낌을 주는 것이 중요하다.

그럼 어떻게 해야 새신자들이 교회에 대한 좋은 첫인상을 갖고, 잘 정착하여 신앙생활을 잘 해나갈 수 있도록 도울 수 있을까? 그것

을 위하여 우리는 ① 새신자들에 대해 명백하게 알아야 할 것이고, ② 새신자 정착 사역의 목표가 무엇이며, ③ 새신자 정착 사역을 어떻게 해야 할 것인가를 분명히 알아야 한다. 그리고 이런 것들을 바탕으로 ④ 새신자가 정착했다라고 하는 것을 무엇으로 봐야 하는지 알아야 할 것이다.

새신자는 누구인가?

새신자 정착 사역에 따른 새신자 정의

새신자 사역을 논할 때, 새신자 정착 사역은 다음과 같은 4가지 영역이 있다는 것과 각 영역에 따른 정착 사역은 무엇인지를 고려

새신자 정착 사역의 4가지 영역

1. 불신자들을 교회 교제에 소속시키기
2. 거듭남을 통해 교회 내의 하나님의 백성들과 하나 되게 하기
   물론 이것은 교회 밖 불신자들과 교회 내 불신자들, 두 영역의 대상들이 거듭남을 통한 하나님 백성됨을 추구하는 사역으로 더 세분할 수 있을 것이다.
3. 수평 이동 교인 중 아직 거듭나지 않은 새신자들이 교회의 교제권에 소속되게 하기

> 이 사역은 또한 거듭나기 전이라도 교회 교제권에 소속되도록 돕는 것과, 거듭남을 통해 진정한 지역 공동체의 하나님 백성이 되는 것으로 더 세분화 할 수 있다.
> **4. 수평 이동 그리스도인들(거듭난)이 교회에 소속되게 돕기**

해야 한다.

새신자 정착 사역이라 할 때 새신자 중에는 불신자도 있고 이전 교회에 정착하지 못해 방황하다가 온 수평 이동 교인도 있다는 것을 전제로 해야 한다. 여기서 새신자는 불신자를 포함하여 타 교회에서 신앙생활을 한 적이 있으나 아직 거듭난 경험이 없는 사람들을 포함하여 위의 1, 2, 3번에 해당하는 사람들을 언급한 것이다. 이미 강조했듯이 이 때 1~4번 모두를 새신자 정착 사역의 대상으로 하나 1~3번이 주류여야 하고, 우선적으로 위의 1, 2번 불신자에 철저하게 맞추어져 있어야 한다. 앞에서 다루었던 이야기와 새신자 정착 사역에서 문화와의 연관성을 강조한 것도 그것 때문이다. 특히 1번을 잘 하기 위해서 이 부분에 대한 이해는 매우 중요하다.

포스트모던 사회의 새신자 이해

새신자 정착 사역에는 신학적인 요소와 함께 문화적인 요소가 함께 균형 잡혀야 함을 기억해야 한다. 50대 후반에서 60대에 이르는 기존 그리스도인이 이적해 올 것을 기대하는 교회라면 모더니티(현대성, Modernity) 사회의 특성만 알면 되고, 이 일에는 기성 목회자들도 문화적으로 큰 어려움이 없을 것이다. 그러나 앞으로의 교회는 젊은이들이 청·장년 세력으로 부상해 들어올 것인데, 그들에 대한 새신자 사역은 문화적인 측면에서 더 많은 이해가 필요하다. 그렇다면 기성세대와 다른 앞으로 부상해 들어올 사람들의 특성은 무엇일까?

우선 몇 가지만 간단히 알아보자. 기성세대는 모더니티의 특성을 갖고 있는 사람들인데 이들은 종교개혁 이후 오늘날에 이르는 크리스텐덤 시대의 사람이라고도 말할 수 있다. 그들은 종교개혁 이래 문자 문화와 관련성 있는 교회를 만들어 왔다. 그들의 관심은 고도의 이성적 주석과 교리 체계인데, 그 문화적 근간은 계몽주의와 이성주의에 뿌리를 두고 있다. 그러므로 그들은 논리적 설교와 체계적인 교육에 관심을 갖고 교회를 바라본다. 또한 그런 새신자들은 잘 짜여진 조직과 위계질서, 체계를 선호한다.

그러나 근래에 고개를 든 포스트모던 사회의 사람들은 커뮤니케이션의 새로운 방식과 형태에 살고 있는데, 그들은 소리와 시각적 이미지와 체험을 중요시 한다. 따라서 모더니티 사회의 새신자들에게는 책자와 팸플릿이면 충분했지만, 후기 포스트모던 사회에서는 새신자 영접실에 소리와 시각적 이미지가 잘 조화를 이룬 인테리어가 중요하고 교회 소개에도 동영상 등이 중요하게 등장하게 된다. 그리고 모더니티의 특징인 질서 추구와 성속의 영역 분리로 교회를 특징지어 보려는 시도는 더 이상 교회 소개와 정착 유도에 별로 효과적이지 못하게 됐다.

새신자들에게 이 교회가 어떤 교회이며 어떤 점에서 좋고, 다른 교회를 선택할 때보다 어떤 점이 좋은지를 느끼게 해주는 방향이 더욱 효과적이다. 물론 이것을 노골적으로 표현하면 오히려 역효과가 날 수도 있으므로 체계적이며, 세련된 방식을 도입해야 할 것이다.

포스트모던 사회 새신자의 특징

앞으로 우리가 더욱 관심을 가져야 할 포스트모던 사회의 새신자들의 특징이 무엇인지 조금 더 살펴보자.

① **제자도** : 등록 교인이 되는 것보다, 교리를 아는 사람이 되는 것보다, 일단 교회에 나오기로 한 이상 그리스도의 제자가 되어야 한다고 생각한다.
② **변혁성** : 그들은 교회에 다니기로 한 이상 이전에 자신들이 욕하던 기독교인들과 달리 전통 교회가 관심을 덜 가졌던 세속 영역의 변화가 중요하다고 생각하고 그것을 시도하고자 하며 그런 교회를 더 높이 평가할 것이다.
③ **공동체성** : 모더니티 사회의 기독교인들은 교회에 등록하고 자신의 유익에 맞는 프로그램에 참석하는 수준에 머무르고 깊이 개입되기를 꺼렸다. 그러나 포스트모던 사회의 사람들이 교회를 찾는 이유는 세상에서 경험하지 못했던 고도의 공동체적 삶에 대한 갈망이 있기 때문이다. 그들은 공동체 경험을 사모

하고, 신학적으로는 그리스도의 몸으로 인도되는 공동체성이 강한 교회를 원한다.

④ **선교적** : 그들은 아직 거듭난 그리스도인이 아니기에 타 종교에 대한 관용과 배려를 중시하고 위협적 선교를 거부한다. 그러나 문화적으로는 낯선 이들을 영접하고 타 문화에 대한 존중과 관심, 그리고 새 문화를 경험해 보려는 열린 자세가 강하다. 따라서 성경적으로 잘만 이끌어 주면 그들은 매우 선교적으로 효과적인 자원들이 될 수 있다.

> 이머징 교회(Emerging Church)들이 이런 특성을 가진 포스트모던 젊은이들을 포용하는 목회를 하고 있다

⑤ **사회봉사** : 그들은 넓은 마음으로 소외되고 어려운 사람들을 섬기고 배려하는 삶을 높이 평가한다. 그래서 비 기독교인들 가운데서도 봉사 활동을 점차 중시하는 사람들이 이전보다 늘어난 것이다.

그런 문화적 배경 가운데서 교회에 들어온 사람들이기에 새신자들은 그런 소외 계층과 빈민과 약자에 대한 아낌없는 봉사가 있는 교회를 높이 평가할 것이고 자신들의 삶도 그 일에 더 열심을 낼 것이다.

⑥ **창조성** : 그들이 거듭난 것과 관계없이, 그 어느 때보다 창조주 하나님의 형상을 닮은 존재로서 창조적 삶에 대한 가치를 높이 평가할 것이다.

이는 모더니티 사회 후반부터 급격히 그리고 더 강하게 나타난

특징으로, 예배와 교육과 교회 사역 모두가 진부하지 않고 항상 창조적이기를 원한다.

이 특성은 모더니티 사회 후반에 등장한 새신자에 민감한 교회들(새들백교회나 윌로우크릭교회 등)의 강점인데 앞으로 포스트모던 사회에서는 이 부분이 더욱 중시될 것이다. 미국의 모자이크교회 등이 대표적으로 창조성이 강조된 교회의 모본이다.

⑦ **참여적** : 그들은 과거처럼 수동적으로 관망하다가 가버리는 태도에서 점차 참여자가 되고 영적으로도 생산자가 되기를 원할 것이다. 물론 우리나라의 문화와 교육 특성상 미국 등 서구 사회에 비해 이 부분은 비교적 적게 나타나겠지만 그래도 이전에 비해 교회의 일 혹은 교회의 결정 사항에 참여하고 싶어하는 사람들이 점차 늘어날 것이다.

⑧ **고대성과 현대성의 영성적 융합** : 이들은 모더니티 사회의 현대성과 고대 교회들의 신비로운 영성을 함께 공유하기 원한다. 시끄럽고 정신없는 교회보다는 조용하고 깊은 영성이 넘치는 교회의 신비성에 관심을 갖게 될 것이다.

미국에서는 이것을 빈티지 신앙(Vintage Faith)이라고 하며 오래된 미래(Ancient Future)라고 역설적 표현하고 있는데 이머징 교회(Emerging Church)들이 이런 특성을 가진 포스트모던 젊은이들을 포용하는 목회를 하고 있다.

그들은 신앙생활에서 지성적이고 이성적인 논리와 합리성 못지않게 영적인 활동에 참여하기를 원한다. 그래서 관상적

(Contemplative) 삶이 갈수록 교회 안에서 중시될 것이다. 이는 과거의 시끄러운 부흥회 스타일 기도원보다 수도원 스타일의 기도원에 사람들이 점차 관심을 더 갖는 이유이기도 하다.

이런 점들을 잘 이해하는 것이 앞으로의 새신자 정착 사역에서 중요하게 될 것이다.

새신자 정착이란 무엇인가?

새신자 정착의 의미

새신자가 정착되었다는 것은 어떤 것을 의미하는가? 필자가 한동안 사역한 적이 있던 한 초대형 교회에서는 개척 초기부터 엄청나게 많은 사람들이 몰려 들어 교구 목사, 전도사들이 애를 먹었다. 대형 교회의 특성상 새로운 사람이 와도 누가 누구인지 몰라서 새신자 파악이 잘 되지 않았기 때문이다.

특히 해마다 1~2월이 되면 대형 교회에는 수많은 사람들이 몰려 들어 정신이 없는데, 어느 해 연초의 새신자 환영 만찬에서 이런 이야기를 들었다. 어떻게 우리 교회를 선택하게 되었냐는 사회자의 질문에 여러 사람들이 사실 자신들은 그 지역으로 이사 와서 이 교회에 등록하기 전에 열 군데 이상의 교회를 다녀봤으며 그중 이 교회가 마음에 들어 주일예배에 출석을 했다는 것이다.

그런데 더 놀라운 것은 비록 정기적으로 출석은 했지만 등록하지 않고 1년 가까이 다니다가 이번에야 마음을 잡고 등록하게 되었다는 사람도 있었다. 그래서 그럼 그 많은 교회들 중에 우리 교회가 마음에 들어 출석을 했다며 왜 1년이 되도록 등록하지 않았냐고 묻자, 설교도 좋고 교육도 시설도 프로그램들도 다 좋은데, '우리 교회'라는 생각이 안 들었다고 했다.

말씀과 예배와 모든 것이 좋아도 우리 교회, 우리 목사님이라는 의식이 안 드는 교회! 그것을 극복하고 정말 서로가 서로를 돌보고 가족이 되는 교회가 되도록 해야지, 교회의 성장에만 만족해서는 안 된다는 것을 깊이 깨닫게 한 사건이었다. 그것이 필자가 그 교회에 셀 교회로의 전환을 제안했던 동기였고, 당시에는 국내 최초의 셀 사역 모델 교회가 되어 아름다운 공동체의 모습을 보여줄 수 있는 교회가 되기를 기대했던 계기였다.

새신자 정착의 기준

새신자 정착이 잘 되었는지를 판단하는 기준은 다음 2가지가 병행되어야 한다.

① 지역 교회의 교제권 속에 소속되게 돕기

새신자 정착이란 것은 단지 교회 등록(등록 교인화)이나 주일예배에 출석을 잘 하게 하는 것(주일 성수화)이 아니라, 교회의 교제권 속에 들어와 소속감을 갖게 하는 것이다. 이것은 목회적으로는 관계성(relationship)이 형성되는 것이며, 사회학적으로는 교인들과 연결성(connection)을 갖게 해주는 것이다. 여기서 소속감이라는 것은 단지 우리 교회의 등록 교인이 되는 것이 아니라, 교인들과의 관계성을 형성하고 내적 교제권 속에 개입된 것까지 의미해야 한다. 그래서 새신자 정착 사역이 잘 꾸며진 새신자 영접실로 방문객을 모셔 와서 교회 안내 책자 나눠 주고, 등록 카드 쓰게 해서 연락처 받

> 소속감이라는 것은 단지 우리 교회의 등록 교인이 되는 것이 아니라 교인들과의 관계성을 형성하고 내적 교제권 속에 개입된 것까지 의미해야 한다

고, 사진 찍고 선물을 안겨 주고는 우리의 새신자 정착 사역이 성공적으로 완수되었다고 착각해서는 안 된다. 이 일을 위해서는 새신자 정착 사역이 반드시 셀 그룹 등 소그룹 사역(전통 교회에서는 구역 사역)과 연계되어 있어야 한다. 작은 공동체에 소속되어 전체 공동체의 일원이 되는 것이 가장 자연스럽고 효과적인 정착 사역이기 때문이다. 이것은 우리 한국 문화에서는 한 집안 사람, 식구가 되는 과정이라고 할 수도 있을 것이다.

② 거듭나서 하나님 나라의 일원이 되게 돕기

둘째로는 교회의 교제권 안에 들어오는 것에서 멈추지 않고, 그들이 거듭나서 진정한 하나님의 백성이 되어 기존 교인들과 영적으로 한 몸을 이룰 때 정착이 되었다고 보는 높은 관점을 가져야 한다. 즉 지역 교회의 교제권에만 들어가는 것이 아니라 하나님의 자녀가 되었을 때 새신자 정착의 첫 단계가 이루어졌다고 봐야 한다. 현재 교회는 조직적으로 접근되고, 행정적으로 움직이는 기관이

되어 버려서 새신자 영접 위원회는 등록과 안내만 하고 나면 임무가 완료된 것으로 보고, 새신자가 거듭나든 말든 구역이나 셀 그룹 등에 참석하든 말든 어떤 교육을 받고 있든 말든 이런 것들은 더 이상 자신들의 임무가 아니라고 생각한다. 이는 지극히 행정적이며 '몸' 차원의 교회 모습과는 거리가 멀다. 성경적으로 정상적인 교회라면 이런 식의 행정 기능적 조직이 아니라, 서로 긴밀히 연계하여 통합적으로 움직이는 새신자 정착 사역을 다시 짜야 할 것이다. 새신자가 오면 훈련된 멘토들이 몇 명씩 담당하여 새신자가 교제권에

소그룹 리더가 새신자를 방문하여 양육하는 모습

들어가도록 돕고, 기본적인 신앙생활을 잘 할 수 있도록 이끌 뿐 아니라, 복음을 듣고 거듭나서 세례(침례)를 받도록 이끌어 줘야 한다. 그리고 그들이 계속 교육을 받아 자라가고 있는지 확인하며 새로운 멘토(대개 셀 그룹의 셀 리더, 목자 혹은 새로운 관점에서 잘 훈련된 구역장들)와 함께 신앙생활을 잘 할 수 있도록 일정 기간에 걸쳐 돌봐 줘야 한다.

이를 위해 새신자 정착 팀이 전도 팀, 목양 팀(셀 사역, 교구 사역 등)과 교육 훈련 팀(제자 훈련 등)과 은사 발견 및 사역 배치 팀 등과 유기적으로 연계되어 움직이는 구조를 갖는 것이 중요하다. 새신자 정착 팀은 독자적으로 홀로 사역하는 팀일 수가 없다.

그래서 일단 교회의 교제권으로 들어온 새신자는 거듭나고 계속 자라 가며, 그 과정에서 교우들에게 돌봄을 입고, 또 다른 후배 새

새신자 정착 사역은

1. 새 생명을 얻게 하고
2. 새 관계성 속에 들어가며
   헌신과 희생의 정신에 기초한 섬김과 사역을 통해
3. 새 삶을 형성하는 세 단계가 일원적으로 이루어지는 것이다.

신자들을 돌보는 삶으로 인도돼야 한다. 신앙생활을 한다는 것은 형이상학적 신학으로만 말할 것이 아니라, 단순하게 말하면 섬김을 받고 섬기는 사람이 되는 것이기 때문이다.

이를 위해 교회 내에는 두 단계의 등록 방식을 채택하여야 한다. 처음에는 새신자가 스스로 교인 등록을 하는 단계가 있다. 즉 새신자가 자발적으로 등록 카드를 작성해서 냈기에 자신이 우리 교회의 등록 교인이 되었다고 생각하는데, 교회는 그것을 인정해주되 그것은 단지 교회의 준회원이 된 것으로 봐야 한다.

정교인이 되기 위해서는 우리 교회에서는 이러한 것이 요구된다는 사실을 새신자 환영 만찬 같은 편하고 부드러운 자리에서 일깨워주는 것이 중요하다. 즉 복음에 대해 다루는 단기적인 교육을 통해 당신이 거듭난 그리스도인이 되기를 우리는 기대하고 있음을 알려야 한다. 그리고 주일예배 참석만이 아니라 목장(셀 그룹) 등 소그룹에 소속되고 참여할 때에 당신은 정교인으로서 교회의 모든 권리를 누릴 수 있다고 말해 주어야 한다. 이는 교회 일의 의사 결정에 참여할 수 있는 권한이기도 하다. 교인이 된다는 것은 성경적으로 언약 관계에 들어가는 것으로 여기에는 특권뿐 아니라 가족에 대한 헌신과 책임이 따른다는 것도 가르치고 일깨워줘야 한다. 지구촌교회 등도 이처럼 등록 교인과 정교인을 구분하여 더

> 제대로 된 새신자 정착 사역이 되기 위해 우리가 반드시 이해하고 넘어가야 할 점들이 있다 그것은 새신자 정착 사역에 대한 4가지 차원에서의 목표 설정이다

깊은 차원의 새신자 정착을 추구하는데, 그 교회는 목장 모임에 참여할 때에 정교인으로 인정한다. 이처럼 준교인과 정교인이 되는 것이 다름을 분명히 해야 할 것이고, 또한 주일예배라는 대 그룹 참여뿐 아니라 목장이나 셀 그룹 같은 소그룹에 참여할 때 그들이 정착된 것으로 봐야 한다.

사실 위원회 방식의 새신자 정착 사역은 여러 면에서 한계가 있는데, 이를 극복할 수 있는 대안이 바로 셀 그룹 등의 소그룹 사역이다. 이는 여기서 다룰 주제의 한계를 넘는 것이므로 다 언급할 수는 없지만, 담임 목회자들은 소그룹 사역과 잘 연계된 새신자 정착 사역에 더욱 관심을 가지고 개발해야 할 것이다. 특히 언약 관계에 근거한 강력한 새신자 정착 모델은 미국의 세이비어교회의 공동체 모델에서 실제적 도움을 얻을 수 있을 것이다.

물론 그 교회는 근본적인 교회관의 이상이 드높아 대부분의 한국 교회에서 그대로 적용하기는 어렵겠지만 한 차원 높은 새신자 정착 사역에 많은 도움을 얻을 수 있으리라 생각한다.

새신자 정착 사역에 대한 목표

제대로 된 새신자 정착 사역이 되기 위해 우리가 반드시 이해하고 넘어가야 할 점들이 있다. 그것은 새신자 정착 사역에 대한 4가지 차원에서의 목표 설정이다.

첫째로 새신자 정착 사역의 목적에 대한 신학적 출발점을 확고히

하는 것이다. 새신자 사역은 정착 교인을 늘려 교회 성장을 시키기 위한 수단이 아니라, 사람들을 사랑하고 그들이 공동체의 구성원이 되어 건강한 신앙생활을 잘 하게 도와 하나님의 영광을 드높이기 위함이어야 한다. 이는 선교 역시 단지 대 위임령(대 사명)에 순종하기 위함이 아니라, 예수 그리스도의 영광을 갈망하고 하나님 나라의 영광 때문이어야 한다는 존 스토트의 지적과 같은 맥락이다.

둘째로 새신자 정착 사역에 있어서 신앙생활의 목표를 분명히 해야 한다. 전도의 목표가 사람들이 변화된 삶을 사는 것일 뿐 아니라, 하나님께 영광이 되고 찬송이 일어나게 하는 예배(『건강한 목회를 통해 세워가는 건강한 교회』, p. 329)인 것처럼, 새신자 사역 그 자체가 목적이 아니라, 예배가 새신자 사역의 궁극적 목적이다. 다시 말해 새신자들이 지역 공동체(교회) 안에서 변화된 삶을 살고 예배자의 삶을 살게 하는 것이다.

셋째로 새신자 정착 사역의 지역 교회 차원의 목표를 분명히 해야 한다. 새신자 정착이란 교회에 정기적으로 습관적으로 다니도록 만드는 것이 아니라, 교회의 가족으로 살게 하는 것이다. 새신자 정착을 교인이 되게 하는 것과 그리스도의 제자의 삶을 사는 것, 두 가지로 나뉜다고 보거나 혹은 이 두 가지가 서로 다른 것으로 느끼게 해서는 안 된다. 새신자 정착의 목표는 그들이 우리 교회, 즉 지역 공동체를 통해 제자의 삶을 살 수 있게 하는 것이어야 한다.

넷째로 새신자 정착 사역의 공동체적 목표를 명확히 해야 한다. 현대의 한국 교회 새신자 정착 사역은 개교회주의와 개인주의적 신앙을 방치하는 선에서 멈추지 말아야 한다. 무엇보다도 새신자 정착 사역을 통해 교회를 찾은 이들이 먼저 하나님 나라의 백성으로 자신의 위치를 보게 하고(하나님의 백성이란 의식), 또한 교회 공동체 속에서 하나님의 가족으로 살게 하는 공동체성을 갖게 해야 한다. 그때에 그들이 오랜 신앙생활에도 불구하고 지역 교회 안에서 파당을 나누고, 문제를 일으키고 결국 하나님의 몸된 교회를 깨는 한국 교회의 지병이 없어질 것이다.

따라서 새신자 정착 사역을 단지 등록 카드 쓰게 하고, 등록하는 사람들에게 선물 증정하는 것이라는 의식을 버려야 한다. 바람직한 새신자 정착 사역은 교회 방문자에게 교회 안내 책자, 복음 전도지 나눠주고, 등록 카드 나눠주고, 설교 테이프와 목회자의 저서 나눠주는 것 이상이 되어야 한다. 등록 첫 주에 같이 밥 먹어 주는 도우미 차원 이상의 사역이 되어야 한다. 또한 등록자를 교구 사역자와 연결하여 등록 심방 1회를 하면 정착 사역을 다한 것처럼 보지 말아야 한다. 더 이상 새신자 정착 사역이 다른 교회 다니던 사람들이 우리 교회로 옮겨와서 잘 정착하길 바라는 수준에 머물러 있어서는 안 된다.

또 새신자를 바라볼 때 교회 성장의 수단으로만 볼 것이 아니라 한 영혼을 귀히 여기시는 하나님 아버지의 마음을 먼저 회복해야 한다. 그때에 불신자들이 그리스도의 몸의 일원이 되어 신약성경이 꿈꾸던 아름다운 신앙 공동체를 이루게 될 것이다.

새신자 정착
실천 가이드

1_ 새신자란 교회에 처음 오는 '초신자'와 수평 이동을 통해서 오는 교인들을 말하는 것이다. 그리고 교회 안에도 '오래된 새신자'가 있다.

2_ 요즘의 새신자는 포스트모던 사회의 새신자이다. 포스트모던의 새신자의 특성을 알고 그들에게 접근해야 한다.

3_ 새신자 정착이란 등록 교인이 되는 것을 넘어서 교회의 교제권에 흡수되어지는 것을 의미하며, 나아가 그리스도의 권속으로 거듭나는 것을 의미한다.

4_ 새신자 정착 사역은 하나님께 영광 돌리는 목적을 가질 것, 새신자가 예배자가 되게 하는 것, 새신자가 교회의 교제권에 속하게 하는 것, 그리고 그리스도의 제자가 되어 시민으로 살아갈 것에 대한 목표를 가져야 한다.

기업의 가장 큰 관심은 바로 고객이다.
따라서 그들을 잘 관리하여 지속적인 관계를
형성할 수 있도록 하는
다양한 전략과 전술을 구축하고 있다.
기업은 고객을 6단계의 스펙트럼으로 구분하여
다음 단계로 진입할 수 있도록 노력하고 있다.
이러한 원리는 교회의 새신자들을
효과적으로 정착하는 방법에 있어서
새로운 통찰력을 제공해 줄 것이기에 연구할 가치가 있다.
그리고 이러한 통찰을 적절히 활용한
새들백교회의 사역도 함께 살펴보도록 하자.

| **송경근 박사** 하나컨설팅 그룹 대표 |

02

기업의 고객 관리와 새들백교회의 새신자 운영

기업들의 신규 고객 확보와 유지

요즈음 기업들이 사용하는 '고객(customer)'이라는 단어는 1990년 대 이전에는 우리나라에서는 물론이고 미국에서도 거의 사용되지 않았던 단어이다. 1990년대 이후 기업들 간의 경쟁이 세계적으로 심화되면서 본격적으로 사용되었다. 예전에는 '소비자(consumer)'라는 말이 사용되었다. 하지만 지금은 기업 현장에서 소비자라는 말을 거의 사용하지 않는다. 대신에 주로 고객이라는 단어를 사용한다. 왜냐하면 고객이라는 단어에는 소비자에는 내포되어 있지 않은 '관계(relation)'라는 의미가 포함되어 있기 때문이다. 기업들은 환경 변화에 따라 자신들의 제품이나 서비스가 단순히 돈을 벌어주는 매개체가 아니라 그 제품이나 서비스를 사용하는 사람들과의 관계를 맺어 준다는 사실을 새롭게 인식한 것이다.

기업은 자연인이 아니다. 기업은 법인(法人)이다. 법인은 '법'에서 말하는 인격체를 말한다. 법인은 설립 목적에 따라 영리 법인과 비영리 법인(공익 법인 포함)으로 나뉜다. 기업은 당연히 영리 추구를 목적으로 설립되기 때문에 영리 법인이다. 기업과 고객과의 관계 (B2C; Business to Customer), 기업과 기업과의 관계(B2B; Business to Business), 기업과 정부와의 관계(B2G; Business to Government)라는 용어들이 인터넷 시대에 등장했다. 지금도 사용되고 있는 그러한 용어들은 컴퓨터와 커뮤니케이션 기술을 통해 네트워크를 형성해야만 하는 기업들이 먼저 자신을 인격체로 인식했기 때문에 생겨난 것이다. 자신의 제품이나 서비스를 구매하는 사람이나 다른 법인들과의 관계를 진지하게 생각했기 때문이다.

기업들은 자신들의 고객들과 관계를 맺기 전후와 관계의 유지 및 심화 정도에 따른 스펙트럼을 다음과 같이 구분하게 되었다. 스펙트럼의 좌측 맨 끝단에는 자신이나 자신의 제품과 서비스를 전혀 알지 못하는 사람이나 법인들을 지칭하여 '문외한(suspect)'으로, 광고를 포함한 여러 가지 매체나 이미 제품이나 서비스를 구매한 사람이나 법인들로부터 보고 들어서 자신과 자신의 제품이나 서비스를 이미 알고 있는 사람이나 법인을 '잠재 고객(prospect)'으로, 단순히 아는 것을 떠나 제품이나 서비스를 시험적으로 구매하면서 지속적인 관계를 형성할지 여부를 따져보는 사람이나 법인은 '시험 구매자(trial buyer)'로, 시험 구매의 경험에 만족해서 계속 구매하는 사람이나 법인은 '반복 구매자(repeat buyer)'로, 구매만 하는 것이 아니라 본격적인 관계를 맺기 위해 자신의 정보를 공유하기를 주저하지 않는 사람이나 법인들은 '단골 고객(customer)'으로, 마지막으로 지속적인 관계와 구매는 물론이고 다른 사람들이나 법인들에게 적극적으로 자신과 자신의 제품이나 서비스를 충성스럽게 소개하고 구매를 권유하는 사람들을 '지지자 혹은 전도자(advocate or evangelist)'로 구분한다.

이와 같은 6단계 관계 스펙트럼에 비추어 보면 기업들이 말하는 '신규 고객'은 시험 구매자와 단골 고객 이전 단계인 반복 구매자까지이다. 수많은 기업들은 문외한을 잠재 고객으로, 잠재 고객을 시험 구매자로 전환시키기 위해, 즉 관계를 한 단계 증진시키기 위해서 엄청난 돈과 시간, 노력을 광고 등에 투입하고 있다. 그런데도 광고 효과는 계속 떨어지고 있다. 많은 사람들이 광고를 예전처럼 신뢰하지 않기 때문이다. 이러한 문제점을 극복하기 위해 영리한 기업들은 색다른 방법을 찾아 나섰다.

기업들은 자신의 단골 고객이나 지지자 혹은 전도자들과 지속적

| 기업의 6단계 관계 스펙트럼

| 문외한 | 잠재 고객 | 시험 구매자 | 반복 구매자 | 단골 고객 | 지지자 혹은 전도자 |

으로 관계를 유지하고자 노력한다. 또 시험 구매자나 반복 구매자를 단골 고객이나 지지자 혹은 전도자로 격상시키기 위해, 그리고 단골 고객이나 전도자들이 문외한이나 잠재 고객들을 시험 구매자나 반복 구매자로 전환시키는데 역할을 감당할 수 있도록 방법을 모색한다.

이를 위해서는 이미 관계가 어느 정도 형성되어 있는 기존 고객(시험 구매자부터 지지자 혹은 전도자까지 포함하는)들을 만족시켜야만 한다는 사실을 깨달았다. 만족하지 못하는 기존 고객들은 언제라도 경쟁자에게 갈 수 있다. 자기와의 관계를 끊고 다른 경쟁사들로 간 고객들을 이탈 고객이라고 한다. 빼앗기기는 쉽지만 한 번 빼앗긴 고객들을 되찾아 오기는 엄청나게 어렵다. 기존 고객을 빼앗기지 않고 지속적으로 유지하는데 많은 노력을 들이는 이유가 거기에 있다.

영리한 기업들은 기존 고객의 이탈을 방지하면서 동시에 보다 적은 비용으로 신규 고객을 확보하기 위한 전략을 수립하여 실행하고 있다. 그것은 바로 고객 만족 혹은 고객 감동 전략이다. 만족하거나 감동된 기존 고객들은 지속적으로 관계를 유지할 확률이 높고 또한 지지자 혹은 전도자가 되면 그들이 자사의 신규 고객을 창출하는데 아주 큰 역할을 담당한다. 기업들은 어떻게 그 사실을 알게 되었고, 고객 만족과 고객 감동 전략을 실행하고 있을까?

> MOT를 기초로 SAS의 고객 만족 경영 전략은 엄청난 성공을 거두었다 새들백교회에는 고객 만족 경영 전략으로 '5개의 헌신의 동심원'과 '평생 개발 과정'이 있다

기업 사례 - 스칸디나비아 항공

스칸디나비아 항공(Scandinavian Airlines; SAS)은 1981년 오일쇼크로 인해 8백만 불의 적자를 기록했다. 오일쇼크 이후 경쟁사들은 비용 절감과 차별화된 고객 서비스에 관심을 기울이기 시작했다. 그 때 38살의 얀 카를존이 12년 임기 보장을 받으면서 회장으로 부임했다. 부임한 그가 알게 된 가장 중요한 사실은 불만 고객 91%가 거래를 끊는다는 분석 결과였다.

그 결과를 알게 된 얀 카를존 회장은 '자주 여행하는 사업가들에게 세계 최고의 항공사가 되는 것'으로 새로운 목표를 수립했다. 그리고 그 목표를 달성하기 위해 내건 전략이 바로 오늘날 우리들이 알고 있는 고객 만족 경영이다.

그는 투우사가 투우 경기를 결정짓는 순간, 즉 '소의 급소를 찌르는 순간'에서 힌트를 얻어 '진실의 순간(Moment of Truth; MOT)'이라는 용어를 사용하기 시작했다.

"지난해에 1천만의 고객이 5명의 우리 SAS 직원과 접촉을 했다. 이 접촉은 매번 평균 15초 정도이지만, 1년 동안, 5천만 번의 접점을 통해 우리는 고객의 마음에 SAS 이미지를 창조해냈다. 궁극적으로 5천만 번의 '진실의 순간(MOT)'을 통해서 우리 회사가 성공할 것인지 실패할 것인지가 결정되는 것이다. 이러한 접점은 고객에게 SAS가 최상의 대안이라는 것을 입증할 수 있는 순간이기도 하다."

그는 고객 재구매와 구전 효과를 유발하도록 고객 구매 프로세스

[상품 인식→상품 관심→구매 전 상품 평가→상품 사용→상품 구매→구매 후 상품 평가→만족→재구매]를 상세하게 그렸다. 구매 프로세스를 통해 얀 카를존은 상품을 사용할 때에 이미 상품에 대한 기대치가 고객들에게는 형성되어 있고, 구매 후에 상품 평가 시에 기대치와 비교하여 그 기대치를 상회했을 경우에는 만족하면서 재구매하겠지만, 불만족할 경우에는 이탈된다는 사실을 전 조직원들에게 상기시켰다. 그리고 고객을 만족시키기 위해 '진실의 순간(MOT)'들을 찾아냈고 실천 방안을 교육시켰다.

구체적으로 다음과 같은 방법들을 실천하도록 격려했다. 고객들이 정보를 얻기 위해 전화했을 때와 예약할 때 친절하고 배려있는 태도를 끝까지 유지할 것. 그리고 공항 카운터에 다가갔을 때에 웃는 모습으로 고객을 즐겁게 맞이할 것. 순서를 기다리고 있을 때와 출발 라운지에서 기다릴 때에 고객이 지겹지 않게 음악을 틀어 주거나 그림을 걸어 둘 것. 출발 입구를 찾고 있을 때와 좌석을 찾고 있을 때 친절한 안내로 고객의 편의를 도울 것 등이다. 그러한 MOT를 기초로 SAS의 고객 만족 경영 전략은 엄청난 성공을 거두었다.

이러한 방법은 전 세계의 모든 기업들에게 알려졌다. 이제는 우리나라에서도 영리 법인만이 아니라 비영리 법인 혹은 공익 법인들도 고객 만족 경영 전략을 이미 구호로만 외치지 않고 실천하고 있다. 그 비영리 법인에 교회도 당연히 포함된다고 할 수 있다.

새들백교회의 새신자 정착 원리

새들백교회에는 고객 만족 경영 전략으로 '5개의 헌신의 동심원'과 '평생 개발 과정'이 있다. 5개의 헌신의 동심원들 중 가장 큰 원, 즉 가장 바깥 원에는 지역 사회, 즉 비 교인(非敎人)들이 속해 있다. 두 번째로 큰 원에는 등록하지 않은 정기적 예배 참석자들이 속해 있다. 세 번째 큰 원에는 등록 교인, 즉 교회에 등록한 성도(새신자)들이 속해 있다. 네 번째 큰 원에는 헌신 된 자로서 성숙된 성도들이 속해 있다. 마지막으로 가장 작은 다섯 번째 원에는 핵심 멤버인 평신도 사역자들이 속해 있다. 기업과 고객의 관계 스펙트럼과 비추어 보면 다음과 같다.

가장 큰 동심원에 속해있는 지역 사회의 비교인들은 잠재 고객을 의미한다고 말할 수 있다. 두 번째 동심원에 속한 군중들은 시험 구매자나 반복 구매자를 의미한다. 세 번째 동심원에 속한 등록 교인

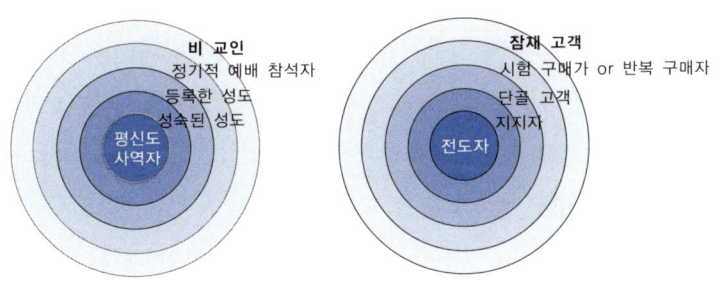

헌신의 동심원   헌신의 동심원 vs 고객 단계 스펙트럼

들은 단골 고객을 의미한다고 볼 수 있다. 네 번째 동심원에 속한 성숙된 성도는 지지자를 의미하고, 다섯 번째 동심원에 속한 평신도 사역자들을 전도자로 볼 수 있다.

> 릭 워렌 목사는 기업들이 고객들과의 관계 경영에서의 고객의 의미를 바꾸어 적용했다 그는 성도들이 궁극적으로 관계를 맺고 그 관계를 지속적으로 심화시켜야 할 주체를 바로 예수 그리스도라고 말한다

평생 개발 과정은 성도들이 밟게 되는 야구장의 1루 베이스에서 홈 베이스까지의 다이아몬드 모양이다. 성도가 1루(교인에의 헌신)로 가기 위해서는 반드시 101반 교인 되기와 교인 언약의 발견 과정을 이수해야만 한다. 새들백교회에서는 그리스도를 영접하고, 세례(침례)를 받고, 새신자반 (101반), 즉 '새들백의 교인이란 누구인가?'를 마치고 교인 서약을 한 성도들만 정식 교인으로 인정하기 때문이다.

2루(성숙에의 헌신)로 가기 위해서는 201반 영적 성숙과 성숙 언약의 발견 과정을 이수해야만 한다. 새들백이 말하는 '헌신 된 자'는 기도하고, 헌금하고, '제자'로서 자라 가는 일에 헌신 되어 있다. 그들은 좋은 성도들이긴 하지만 아직 사역에는 참여하지는 않는다. 다음과 같은 3가지 영적 습관을 길러야만 하기 때문이다. ① 매일 경건의 시간을 가질 것, ② 십일조를 드릴 것, ③ 소그룹에 적극적으로 참여할 것이다.

3루(사역에의 헌신)로 가기 위해서는 301반 '나의 사역은 무엇인

가?', 즉 자신의 사역과 사역 언약의 발견 과정을 이수해야만 한다. 사역에 헌신 된 성도들은 소수의 정예 일꾼들과 리더들이다. 주일학교 선생, 집사, 성가대, 청소년 후원자들로 자신의 사역을 찾아서 헌신해야 한다. 교회는 그들로 하여금 자신에게 적합한 사역을 찾고, 필요한 기술을 학습하도록 적극적으로 도와줘야 한다.

새들백교회의 릭 웨렌 목사

마지막 홈(사명에의 헌신)에 가기 위해서는 401반 '나의 사명은 무엇인가?'를 이수해야만 한다. 그

새들백교회의 예배 모습

과정을 마치면 그들은 자신들의 사역을 감당하기 위해 지역사회로 파송된다. 그들 사역의 결실은 두 번째로 큰 동심원인 군중(정기적 예배 참석자)에 속하는 사람들의 숫자로 나타난다.

군중들은 정기적으로 예배에 참석하면서 SAS의 얀 카를존 회장이 말한 각종 접점을 통해서 자신들만의 '진실의 순간(MOT)'들을 만나게 된다. 각종 접점의 진실의 순간에서 최고의 만족과 감동을 안겨 주는 사람들은 사명에 헌신 된 성도들뿐만 아니라 3루에서 사역하고 있는 헌신 된 성도들이다. 그러한 헌신 된 성도들을 통해 군중들이 등록 교인(새신자)으로 신분이 바뀌게 된다.

건강한 사람들은 항상 균형 잡힌 몸매를 유지한다. 그와 마찬가지로 새들백교회처럼 건강한 교회들은 5개의 동심원들의 크기가 지속적으로 커지면서 동시에 동심원들 간에 적절한 균형을 이루고 있다.

적용과 실천

새들백교회의 릭 워렌 목사는 교회가 건강하게 되면 자연적으로 성장한다고 말한다. 그래서 그는 새들백교회의 건강의 척도인 균형 잡힌 5개의 동심원과 핵심 멤버인 평신도 사역자 숫자에 관심을 기울인다.

교회를 개척하기 전 교회 성장에 지대한 관심을 가지고 연구하던 중에 그는 이미 고인이 된 경영학의 아버지라고 일컬어진 피터 드러커(Peter Drucker)의 강의를 듣게 되었다. 그 강의를 통해 그가 감명을 받았던 단어가 있다. 바로 '효과성(effectiveness)'이란 단어이다. 피터 드러커는 기업의 효과성은 기업 내부가 아닌 기업 밖에서 결정된다고 역설했다. 기업 밖에 있는 용의자와 잠재 고객을 시험 구매자와 반복 구매자로, 다시금 단골 고객에서 지지자와 전도자로 전환시킬 때 기업의 효과성이 달성된다고 말했다.

그 강의 수강 이후, 릭 워렌 목사는 피터 드러커가 삶을 마칠 때 (2005년)까지 그를 자신의 멘토로 삼았다. 릭 워렌 목사가 저술한 책들 중 우리가 잘아는 『새들백교회 이야기』의 영어 제목은 『목적이 이끄는 교회(Purpose-Driven Church)』이다. 그 다음 책이 전 세계적으로 3000만부 이상 팔린 『목적이 이끄는 삶(Purpose-Driven Life)』이다. '목적이 이끄는 교회'에 속한 성도들은 당연히 '목적이 이끄는 삶'을 살아야 한다. 두 책 모두 피터 드러커의 강의를 통해 알게 된 '효과성'이라는 의미가 숨겨져 있다고 감히 말할 수 있다. 그는 기업과 고객과의 관계 경영(CRM; Customer Relationshiop Management)에서 고객의 의미를 바꾸어 적용했다. 그는 성도들이 궁극적으로 관계를 맺고 그 관계를 지속적으로 심화시켜야 할 주체를 바로 예수 그리스도라고 말한다.

기업인들이 주로 보는 잡지인 2006년 「이코노미스트(Economist)」 1월호에 기업들이 벤치마킹 할 교회로 빌 하이빌스 목사가 이끄는 윌로우크릭교회와 함께 새들백교회가 소개 되었다. 이제는 기업들도 경영적인 마인드를 가지고 지혜롭게 사역하는 교회를 벤치마킹하고 있는 것이다. 무엇이 성도들을 예수 그리스도와 하나님 나라를 위해 그토록 헌신 된 자원 봉사자로 만드는지가 궁금해졌기 때문이다. 이러한 일들은 결국 새신자들의 교회 정착을 넘어서 보다 차원 높은 헌신의 단계로 가도록 단계별 전략을 구축하고, 그것들을 성실하게 실천했기 때문일 것이다.

새신자 정착
실천 가이드

1_ 기업의 제품과 서비스보다 고객과의 관계가 더욱 중요하다.

2_ 단계에 맞는 전략을 구축하라.

3_ 고객을 만족시키기 위한 '진실의 순간(MOT)'을 찾아내라.

4_ 발전 단계의 비약을 지양하고 바로 다음 단계로 발전할 수 있는 단계적 전략이 중요하다.

교회에 처음 발을 내딛는 새신자들은
어떤 생각을 가지고 교회에 정착을 하게 될까?
그들의 생각을 들어볼 수 있다면,
우리는 조금 더 그들의 눈높이에서 그들에게 다가갈 수 있을 것이다.
새신자들은 사람들을 '교회에 데리고 오는 것',
즉 전도하는 것에 대한 노력에 비하여,
'교회에 스며드는 것' 즉 **정착에 대한 부분**에서 오는
미진함들을 많이 언급하였다.
결국, 그들이 교회에 **정착하면서 원하는 것**은 무엇일까?
새신자들이 교회에 정착하는 이유와 더불어,
정착하기에 어려운 점을 보고,
교회에 바라는 그들의 목소리에 주목할 때,
우리는 **새신자들의 마음과 생각**을 어느 정도 읽어 낼 수 있을 것이다.
| 편집자 주 |

03

*새신자 50명에게
물었습니다*

새신자가 원하는 교회

"새신자들은 도대체 어떤 생각을 가지고 있을까? 그들은 무엇을 원하고 있는가? 왜 우리 교회에 정착하지 못하는 것일까?"

이와 같은 물음은 아마도 모든 교회들의 공통적인 질문이면서 동시에 명쾌한 해결책을 이야기하지 못하는 질문들일 것이다. 그만큼 새신자들을 이해한다는 것이 어렵다는 것을 말해준다. 결국 이러한 질문들에 대한 답을 얻기 위해서는 그들이 무엇을 원하고 있는지에 대해 직접 이야기를 들어볼 필요가 있다.

이를 위해 월간 새신자 50명의 이야기를 들어보았다. 본 설문 조사는 새신자 양육 프로그램을 진행하고 있는 15개 교회의 새신자 50명의 응답을 토대로 한 결과이다.

조사 대상은 남녀 구별 없이 20세 이상의 청·장년으로 새신자반을 이수하고 있거나 새신자반을 이수한지 1년이 넘지 않은 성도를 대상으로 하였다. 조사 방법은 15개 교회의 목회자나 새신자반 담당자를 통한 서면 조사로 이루어졌다. 조사 내용은 다음과 같다

첫째, 현재 다니는 교회에 정착하게 된 가장 큰 이유는 무엇입니까?
둘째, 교회에 정착하기 어려운 점이 있다면 무엇입니까?
셋째, 교회에 바라는 점은 무엇입니까?
이 3가지 질문에 새신자들이 자유롭게 답변하는 것으로 하였다.

현재 다니는 교회에 정착하게 된 가장 큰 이유는 무엇입니까?

최근 한국 갤럽 조사에서도 성도가 교회를 정하는 첫 번째 이유로 담임 목사의 설교를 꼽았다. 이번 설문 조사에서도 새신자가 교회에 정착한 첫 번째 이유를 담임 목사의 설교라고 이야기했다. 여기에서 알 수 있는 사실은 교회의 새신자들 대부분이 처음 교회에 나온 사람들이 아니라, 다른 교회에서 이동한 수평 교인라는 것이다. 인터넷이나 다른 매체를 통해 담임 목사의 설교를 듣고 설교에 대한 분명한 의견을 가지고 있다는 것에서 수평 이동 교인이라는 것을 유추해 볼 수 있다.

비록 정착의 첫 번째 이유를 담임 목사의 설교라고 언급했지만, 가족이나 친척들 그리고 교회의 분위기가 좋아서 정착한 사례의 비

현재 다니는 교회에 정착하게 된 가장 큰 이유는 무엇입니까?

순위	득표	내 용
1	14	목사님 설교가 좋아서
2	12	가족, 친척, 친구들이 있어서
3	9	교회 분위기가 화기애애하고 좋아서
4	6	소그룹 모임이 좋아서
5	4	교회에 봉사하는 직분을 맡아서
기타	5	집이 근처여서 이 교회를 통해 주님을 만났기 때문에 교회에서 만난 사람들과의 관계 때문에 아버지 학교(교회 프로그램)를 통해서

새신자들의 이야기(real story)

이름(나이/정착 기간)	내 용
박미경(42세/1개월)	목사님 설교가 좋아서
하재민(24세/5개월)	친척(고모, 사촌들)이 다니고 있어 적응이 편해서
양선희(31세/2개월)	성경 공부와 나눔의 교제가 좋아서
함인혜(24세/4개월)	나를 잘 챙겨주는 사람들이 있고, 분위기가 따뜻해서

중도 높게 나왔다. 이것은 새신자 정착에서 기존 구성원들과의 '관계'가 중요하다는 사실을 말해 준다.

교회에 정착하기 어려운 점이 있다면 무엇입니까?

교회에서 새신자를 정착시키기 위해서 진통을 겪듯이, 새신자들도 교회에 정착하기 위해 진통을 겪는다. 만약 교회에서 새신자들이 교회에 정착하는 진통을 해소시켜 준다면, 교회 또한 새신자를 교회에 정착시키는 과정에서 생기는 진통이 줄어들 것이다.

우리에게 『칭찬은 고래도 춤추게 한다』의 저자로 유명한 캔 블랜차드의 『하이파이브』라는 책에서 조직 발전의 가장 중요한 기반을 한 단어로 표현하고 있는데, 바로 '우호성'이다. 조직 안에서 서로에게 우호적인 반응과 관계를 맺을 때, 조직의 목적과 목표를 이룰 수 있는 원동력을 갖게 된다는 것이다.

교회는 먼저 새신자를 맞을 준비를 하고 새신자를 맞이해야 한

| 교회에 정착하기 어려운 점이 있다면 무엇입니까?

순위	득표	내 용
1	16	기존 성도들과의 인간관계가 어색하고 낯설음
2	8	미 응답
3	6	예배와 설교에 적응하기 어려움
4	5	시간을 많이 빼앗김
5	4	믿어지지 않는 어려움
기타	11	소속감을 느끼지 못함 기독교의 언어에 익숙하지 않음 참여를 강요하는 분위기 교통 불편 등

| 새신자들의 이야기(real story)

이름(나이/정착 기간)	내 용
곽혜경(31세/1년)	기존의 성도들이 끼리끼리 다니며 새로 나온 사람들을 외면합니다.
이지은(31세/2개월)	혼자 온 경우 기존의 그룹들 사이에 끼어들어가기가 쉽지 않습니다. 이럴 때 먼저 챙겨주고 이끌어주는 사람들이 필요합니다.
박옥순(43세/8개월)	교회 나오는 것이 익숙지 않다보니 주말마다 다른 활동을 하고 싶어 지고, 모르는 이야기를 듣다보니 예배가 재미가 없습니다.

다. 단순히 새신자를 데리고 오는 것에만 집중한다면, 새신자에 대한 기존 신자들의 배려나 관심은 기대하기 어렵다.

그것은 결국 새신자가 교회에 일회적으로만 참석하고 정착하지 못하는 결과를 낳을 수도 있다는 것을 기억해야 한다. 새신자가 여러 이유 때문에 - 예를 들어, 담임 목사의 설교 - 교회를 선택했다고 할지라도, 그 교회에 정착하는 것은 교회에 스며드는 것, 즉 교회의 교제권 안에 들어가 관계성을 가지게 될 때 가능해진다. 만약 그러한 기반이 없을 경우에는 새신자들이 정착하는데 있어 어려움을 느끼게 된다.

교회에 바라는 점은 무엇입니까?

새신자들은 교회의 모든 것이 낯설다. 교회에서 만나는 기존 신

| 교회에 바라는 점은 무엇입니까?

순위	득표	내 용
1	14	바른 신앙생활에 대한 갈망
2	10	사랑이 가득한 성도 간의 모임과 교제
3	7	섬김과 실천이 있는 교회
4	5	새신자들에 대한 환영과 배려
5	4	강제적이지 않은 신앙생활
기타	10	위로받을 수 있는 안식처 교육 기관에 지도자 보충 조금 더 재밌는 교회 분위기 새신자를 배려하는 예배 등

| 새신자들의 이야기(real story)

이름(나이/정착 기간)	내 용
김영일(54세/6개월)	늦게 주님을 알게 된 만큼 아직 부족한 것들이 많은데, 묵상, 하나님과 교제하는 것, 기도는 어떻게 드리는 것이 좋은가 등 많은 것을 더 알려주면 좋겠습니다.
최성종(59세/4개월)	믿음의 단계에 따라 순차적으로 새신자를 정착할 수 있도록 했으면 좋겠습니다.
김도형(25세/4개월)	친교와 나눔의 시간들을 많이 가지면 좋겠습니다.

자에서부터, 하나님께 드리는 예배 등 교회에 대한 대부분의 것에 익숙하지 않다. 그래서 교회에 정착하는 새신자들은 기존 신자처럼

교회에 익숙해지고 싶어 한다.

위의 조사에 따르면 새신자들은 하나님과의 믿음의 관계이자 기독교적 삶을 말하는 바른 신앙생활과 교회의 교제권으로 스며들어가 기존 신자와의 융합을 원한다는 사실을 알 수 있다.

따라서 교회가 기독교적 양육과 성도 간의 교제에 대한 요소들을 준비한다면 새신자들이 교회에 정착할 가능성은 높아질 것이다.

새신자의 목소리에 귀 기울이기

위의 설문들이 한국 교회 모든 새신자들의 이야기를 담고 있는 것은 아니다. 하지만 최소한 그들이 무엇을 원하고 있는지 그리고 이를 통해 우리가 어떤 전략을 세우는 것이 필요한지에 대한 단서를 발견할 수 있다.

새신자들이 처음 교회에 가는 이유는 그곳에 특별한 무엇인가 있다는 기대 때문이다. 그것이 교회의 특화된 이미지나 프로그램 때문일 수도 있고, 전도를 통한 관계 형성일 수도 있다. 다양한 이유로 교회에 왔지만 그들 대부분은 '관계'의 문제로 인해 많은 어려움을 겪고 있다.

새신자들이 교회에 정착할 때 가장 어려워하는 점이 기존 신자와의 관계라는 점은 교회 내에서 이 부분에 대한 개선책을 간구해야 한다는 사실을 말해준다. 물론 단순히 관계의 우호성이 새신자 정착을 위한 최선의 길이라고 할 수는 없다.

왜냐하면 새신자들은 체계적인 단계를 따르는 교회와 성경과 믿음에 대한 바른 가르침, 경건한 신앙생활에 대한 갈망이 있기 때문이다. 궁극적으로 그들의 내적인 필요를 이해하고 거기에 맞는 전략을 구축할 필요가 있는 것이다. 이것은 비단 일회적으로 끝나는 것이 아니라 지속적으로 이뤄져야 하는 작업이다. 시대와 상황에 따라 그들의 필요가 변화하기 때문이다. 그들의 목소리에 주목해야 하는 이유가 바로 여기에 있다.

새신자 정착
실천 가이드

1_ 하나님의 말씀을 전하는 목회자, 하나님의 마음(Love)을 전하는 교회가 새신자를 정착시킨다.

2_ 기존 신자들만의 결속은 새신자들을 받아들이는 걸림돌이 될 수 있음을 알고, 생각과 말, 마음과 몸을 열어 새신자들을 받아들여야 한다.

3_ 새신자 정착은 그리스도의 복음과 사랑을 양육하며 표현할 때 이루어진다. 이를 위해 교회가 먼저 복음과 사랑으로 충만함을 경험하고 새신자를 맞이할 준비를 해야 한다.

part 02

새신자 정착에 관한 효과적인 운영 원리

새신자가 잘 정착하기 위해서는
효과적인 전략과 전술이 필요하다.
교회성장연구소 홍영기 소장은 새신자를
효과적으로 **정착시키기 위한 3단계 전략**을 이야기한다.
환영, 정착, 양육의 단계가 바로 그것이다.
각 단계의 구체적인 전술이 무엇인지 살펴보고
구체적인 적용점을 발견해 보도록 하자.

| **홍영기 소장** 교회성장연구소 |

01

새신자 정착의 3단계 전략

교회 성장은 하나님의 뜻이다. 그리스도의 몸인 교회가 계속해서 성장하고 생명력이 넘쳐나려면 전도를 통해 계속해서 새신자가 들어와야 하고, 주께로 인도된 영혼들이 예수 안에서 거듭나는 역사가 끊임없이 일어나야 한다. 이러한 일들이 지속적으로 일어나는 교회가 성장하는 교회라 할 수 있다. 반면 새신자가 정착하지 못한 채 기존 신자들만이 남아있는 교회는 영적 건강에 문제가 있는 교회이다.

오늘날 한국 교회가 갖고 있는 큰 문제는 전도의 열의가 식어간다는 것인데, 그보다 더 큰 문제는 그나마 전도된 새신자를 붙잡지 못한다는 것이다. 많은 교회를 들여다보면 명분상으로는 새신자를 환영하고 있지만 실제로는 그렇지 못한 경우를 발견하게 된다. 이른바 교회의 '뒷문'이 열린 것이다.

따라서 교회 성장에 있어서 전도 못지않게 중요한 것이 바로 새신자 정착이라는 사실을 깨달아야 한다. 하나님을 만나고, 하나님께 의지하고자 교회를 찾은 사람들을 진정한 구원의 길로 인도하는 것이 새신자 정착과 밀접한 관련이 있다는 것을 생각할 때, 교회는 새신자 정착에 많은 준비와 훈련이 필요하다.

이 장에서는 새신자 정착에 관한 개괄적인 개요를 살펴볼까 한다. 새신자 정착을 '환영→정착→양육' 이렇게 3단계로 구분하고 그 접근 원리를 알아볼 것이다.

1단계 - 환영하기

새신자 정착을 위한 첫 번째 단계는 '환영하기'이다. 여기에서 말하는 새신자 환영은 단순히 축제와 같은 분위기를 연출하라는 말이 아니다. 싸움에 있어서도 '지피지기백전불태'(知彼知己百戰不殆)라는 말이 있듯, 새신자를 정착시키기 위해서는 새신자에 대한 기본 이해와 그들이 교회에 진정으로 원하는 것이 무엇인지를 정확하게 파악하는 일이 중요하다.

새신자를 이해하기 위한 설문 조사

이름 :

교회에 등록한 날짜 :

1. ○○교회에 처음 오게 된 동기는 무엇입니까?
2. 첫 방문 이후 ○○교회를 다시 찾게 한 이유는 무엇입니까?
3. 이 교회에서 당신을 가장 편안하게 대한 사람은 누구입니까?
4. 처음으로 방문한 후 얼마만에 이 교회에 등록하기로 결정하셨습니까?
5. 등록하기를 주저했다면 그 이유는 무엇입니까?
6. 이전에 다른 교회에 다닌 적이 있습니까?
7. ○○교회에서 새신자 등록 과정을 경험해 본 느낌이 어떻습니까?
8. 현재 참여하고 있는 소그룹이나 사역이 있습니까?
9. 앞으로 참여하고 싶은 소그룹이나 활동이 있습니까?
10. ○○교회에 등록한 이후 교회가 당신의 기대를 만족시키고 있습니까?

※ 교회에 등록한 지 한 달 이상, 6개월 미만의 새신자들을 대상으로 다음과 같은 질문을 해보면 좀 더 효과적인 새신자 관리를 위한 아이디어를 얻을 수 있다.
※ 시행 다음 주까지 교회 내 대상자에게 위의 내용으로 설문 조사를 실시해 보고, 그 결과를 갖고 토의하는 시간을 가져 보자.

새신자의 이해

새신자를 효과적으로 정착시키려면 우선적으로 새신자를 이해하려는 태도가 필요하다. 불신자가 처음 교회에 나와서 겪게 되는 문화적(종교적) 충격은 결코 적은 것이 아니다. 그들이 좋은 인상을 갖고 교회와의 관계를 발전시켜 나가도록 배려하는 일은 새신자 정착에 있어서 매우 중요한 부분이라 할 수 있다. 다음은 새신자의 관점을 이해하는데 도움이 되는 간단한 항목들이다.

① 새신자의 입장을 갖고 교회에 출석한다.
② 새신자가 교회 안에서 느낄 수 있는 여러 감정들을 가져본다.
③ 새신자의 입장에서 예배를 드리고 말씀을 듣는다.
④ 새신자의 시각으로 교회에 대한 전반적인 사항을 점검해본다.

새신자 환영

새신자에 대한 기본적인 이해를 갖추었다면 본격적으로 새신자들에게 다가가는 것이 필요하다. 그렇다면 어떻게 다가갈 것인가? 사람이면 누구나 처음 참석한 자리에서 귀한 대우를 받으면 기분이 좋아지기 마련이다. 두고두고 그때, 그 자리, 그 경험을 잊지 못한다. 이러한 기분이 드는 것은 교회를 처음 방문하는 새신자도 마찬가지이다. 새신자들은 이왕이면 자신을 'VIP'로 모시는 교회에 마음을 둔다.

이러한 이유로 새신자 환영을 통해 어색함을 허물고 편안함을 느끼게 하는 것이 중요하다. 또 잘 준비된 새신자 환영은 신자들로 하

새신자 환영에 대한 체크 리스트

다음 10가지 질문을 통해 현재 여러분의 교회가 얼마나 새신자를 환영하며 그들에게 매력적인 요소를 전달하고 있는지를 확인할 수 있다.

1. 다른 교회로 옮겨가는 성도의 비율이 높은 편인가?
2. 교회의 어떤 일에도 참여하지 않는 성도(비 활동 교인)가 많은가?
3. 재적 성도와 출석 성도의 차이가 많이 나는가?
4. 출석 성도에 비해 소그룹에 참여하지 않는 성도가 많은가?
5. 예배를 비 정기적으로 참여하는 사람이 많은 편인가?
6. 소외감을 느끼는 신자가 많은 편인가?
7. 한 번만 방문하고 더 이상 방문하지 않는 사람의 비율이 높은가?
8. 가족이나 친구, 친척들이 교회에 나오지 않는 성도가 많은가?
9. 봉사를 잘 하다가 열심이 식어지는 사람이 많은가?
10. 성도나 지역 주민들의 필요에 둔감하다고 생각하는가?

여금 교회에 깊은 매력을 느끼도록 만든다. 실제적으로 새신자가 매력을 느끼는 교회의 4가지 유형에 대해 알아보자.

첫째, 편안함이 느껴지는 교회가 되어야 한다. 교회에 처음 왔을 때 느껴지는 큰 어려움은 바로 어색함이다. 그 어색함의 벽을 허물기 위해서 가장 필요한 것은 관심과 배려이다. 새신자들을 기꺼이 교회 공동체의 일원으로 받아들이고, 참여시키고, 관심을 가질 때 새신자는 마음의 문을 열기 시작한다.

둘째, 지역사회에 열린 교회가 되어야 한다. 더 많은 신자들이 전도되고 교회에 정착하기 위해서는 지역사회에 열린 교회가 되어야 한다. 모든 사람들이 어려움 없이 교회의 문을 드나들 수 있다는 것은 그만큼 교회에 대한 거부감이 없다는 것이고, 교회에 출석하기 시작하더라도 어려움이 덜 할 수 있다는 것을 말해준다. 교회는 교회에 출석하기로 결심한 사람뿐만 아니라 교회 앞을 스쳐지나가는 모든 사람들까지도 관심을 갖고 배려해야 하며, 그러한 때에 새신자들도 교회에 대한 깊은 매력을 느낄 수 있다.

> 새신자 정착의 실패에서 중요한 것은 새신자 정착이 실패하는 그 요인을 분명히 아는 것이다.

셋째, 새신자들을 감동시키는 교회이다. 새신자들을 감동시키기 위해서는 먼저 새신자들이 원하는 것이 무엇인지 혹은 어려워하는 부분이 무엇인지에 대한 정확한 이해가 요구된다. 그들이 영적으로 정신적으로 필요로 하는 바를 충족시키기 위해 힘쓰고, 예수 그리스도의 사랑으로 진실하게 대한다면 새신자들도 감동을 받고, 교회에 정착할 것이다.

넷째, 교회 본연의 목적을 발견할 수 있는 교회이다. 교회의 본질은 십자가의 복음이고, 새신자들에게 궁극적으로 전해야 하는 것도 십자가의 복음이다. 교회가 아무리 사랑과 헌신으로 새신자들을 배려하더라도 복음을 전하는 것에 소홀하다면 그 새신자는 교회에 정착해야 할 의미를 찾을 수 없을 것이고, 설사 정착했다 하더라도 건강한 신앙생활을 영위할 수 없을 것이다. 교회는 새신자 정착의 궁극적인 목적이 복음을 통한 예수 그리스도의 제자 삼기임을 잊지 말아야 한다.

2단계 – 정착시키기

환영을 통해 확보된 새신자를 효과적으로 정착시키기 위해서는 새신자에 대한 적극적인 태도와 더불어 치밀한 전략이 필요하다. 끊임없이 새신자 정착에 대하여 연구하고 노력하는 교회가 성장하는 교회요 건강한 교회이기 때문이다. 새신자가 교회에 들어와서 정식으로 등록하기까지의 정착 단계와 정착의 실패 요인, 효과적인 정착 비율에 대해 살펴보겠다.

새신자 정착의 4단계

새신자 정착은 다음과 같이 4가지 단계로 나눌 수 있다.

① **첫 번째 단계** : 초청의 단계이다. 불신자를 교회로 초청하는 일반적인 전략으로는 태신자 운동이 있다. 전도 대상자를 미리 정하고 기도로 준비한 후에 대상자의 마음 문이 열릴 때 정식으로 초청하는 방법이다.
② **두 번째 단계** : 만남의 단계이다. 새신자가 교회를 찾아올 때

처음으로 갖게 되는 만남은 예배이다. 이 단계의 핵심은 감동적인 예배 분위기와 은혜로운 설교이다. 그 외에도 새신자 환영 프로그램, 교회 안내 등은 새신자를 효과적으로 붙드는 요소가 된다.

③ 세 번째 단계 : 면담의 단계이다. 면담은 상담과 교육의 단계이다. 새신자 정착에서는 새신자가 처음 교회에 나온 후 그 다음 한 주는 매우 중요한 시기이다. 출석한 새신자를 그 다음 주간에 심방하여 영적 상태를 점검, 상담하여 어떻게 양육하는 것이 바람직한지를 결정해야 한다.

④ 네 번째 단계 : 등록의 단계이다. 처음 나온 새신자를 무조건 등록 신자로 올리기보다는, 최소 한 달 이상 출석한 후 정식 교인이 되겠다는 서약을 한 사람들만 등록시키는 것이 좋다. 엄밀한 의미에서는 등록 교인보다 출석 교인이 더 많은 것이 바람직하기 때문이다.

새신자 정착의 실패 요인

위와 같은 체계적인 단계로 새신자들을 정착시키기 위해 여러 노력을 하더라도, 새신자 정착은 생각보다 쉽지가 않다. 많이 준비하고 노력하였음에도 불구하고 실패를 경험할 수 있다. 그러나 실패보다 중요한 것은 새신자 정착이 실패하는 그 요인을 분명히 아는 것이다. 다음은 새신자 정착이 실패하는 주된 요인들이다.

첫째, 새신자 정착 실패의 고질적인 문제는 무관심이다. "사랑의

반대는 미움이 아니라 무관심이다."라는 말이 있다. 새신자 정착에 어려움을 겪는 이유도 근본적으로 교회의 무관심 때문이다. 교회 안에서 느껴지는 냉담함과 무관심은 새신자의 교회에 대한 기대감을 사라지게 만든다.

둘째, 새신자 입장에서 볼 때 기존의 예배와 설교가 어렵기 때문이다. 새신자는 기본적으로 예배 분위기에 익숙하지 않다. 그러므로 새신자를 환영하는 교회라면 예배 분위기나 설교 메시지에서 새신자를 위한 배려를 느낄 수 있도록 해야 한다.

셋째, 새신자 양육을 위한 교인들의 헌신이 없기 때문이다. 양육은 헌신이 없으면 불가능하다. 많은 시간과 노력을 투자하며 영원한 것에 가치를 두고 헌신하고 희생하려는 마음이 필요하다. 이것이 그리스도의 마음이다.

넷째, 새신자에게는 친구가 없기 때문이다. 새신자는 교회 안에서 교제를 나눌만한 친구가 없기 때문에 쉽게 두려움과 공포감을 느낀다. '우정의 요소'는 새신자 정착의 핵심 요소이다.

다섯째, 막연한 전도 전략 때문이다. 막연한 전도 전략으로는 막연한 열매를 기대할 뿐이다. 새신자 확보도 안 된 상태에서 정착과 양육을 따지는 것은 이치에 맞지 않다. 구체적이고 치밀하면서도 성령의 인도하심을 받는 전도 전략을 세워 적극적으로 이웃과 지역사회에 파고들 때 가시적인 효과를 얻을 수 있다.

재미있는 계산법

만일 한 교인이 1년에 한 명의 불신자를 인도해서 정착시킨다고 가정해 보자. 그리고 이 사람도 교회에 정착한 후 마찬가지로 1년에 한 명씩 또 다른 불신자를 인도해서 교회에 정착시킨다고 가정해 보자. 그렇게 된다면 현재 10명의 교인이 출석하는 교회는

1. 매년 정착하는 사람의 비율이 100%라면 1년 후에는 20명이 될 것이며
    2년 후에는 40명
    3년 후에는 80명
    이렇게 해서 10년 후에는 10,240명이 출석하는 교회가 된다.
2. 매년 정착하는 사람의 비율이 50%에 머무른다고 하더라도
    1년 후에는 15명이 될 것이며
    2년 후에는 23명
    3년 후에는 35명
    이렇게 해서 10년 후에는 608명이 출석하는 교회가 될 것이다.
3. 그러나 매년 정착하는 사람의 비율이 20%에 머무른다면
    1년 후에는 12명이 될 것이며
    2년 후에는 14명
    3년 후에는 17명
    이렇게 해서 10년 후에는 59명만이 출석하는 교회가 될 것이다.

※ 간단한 수치 계산을 보더라도 교회 성장에 있어서 전도와 새신자 양육이 갖는 중요성을 알 수 있다. 기억해야 할 것은 교회 성장에 있어서 숫자는 온 천하보다도 귀한 영혼의 숫자란 사실이다.

효과적인 새신자 정착을 위한 비율

새신자 정착을 위해서는 교회의 다각적인 노력과 준비가 필요하지만 먼저 새신자를 흡수할 수 있는 조직이 준비되어야 한다. 다음의 비율은 새신자 흡수를 위한 조직 활성화 원리를 도식화한 것이다.

① 1대6 비율(새신자 우정의 비율) : 새신자가 교회에 정착하려면 교회에 들어온 지 6개월 이내에 최소 6명의 교우를 사귀어야 한다. 신앙과 상호 관심사를 부담없이 나누는 지체 의식이 생겨나야 하는 것이다.

② 100대7 비율(소그룹 비율) : 새신자가 기존 교인과 접촉하여 교회와 관계를 맺으려면 교인 100명당 7개 이상의 소그룹이 활성화되어야 한다. 다양한 소그룹은 새신자의 교회 정착을 돕는 중요한 도구이다.

③ 5대1 비율(새 그룹 비율) : 5개의 소그룹 가운데 1개는 최근 2년 이내에 만들어진 그룹이어야 한다. 새로운 소그룹은 교회 성장의 활력소가 될 뿐만 아니라 교인간의 배타성을 치료하는 효과적인 도구이다.

④ 10대9 비율(새신자 그룹 참여율) : 10명의 새신자 중에서 9명은 반드시 소그룹에 참여해야 새신자 정착에 성공할 수 있다. 10명 중 9명이란 결국 거의 모든 새신자가 소그룹 활동에 참여해야 한다는 것을 의미한다.

3단계 - 양육하기

새신자 정착의 마지막 단계는 양육의 단계이다. 새신자가 단순히 교회에 출석하는 단계에서 벗어나서 복음을 받아들임으로써 그리스도의 제자로 성장할 수 있도록 돕는 단계가 양육의 단계이다. 이 단계에서 대부분의 새신자들이 교회에 등록하여 정착한 교인이 되는데 성경에서는 이를 '지체(member)'라고 표현한다. 그리스도의 몸을 이루는 지체는 주님을 영접하고 세례를 받아 교회의 책임있는 구성원이 된 성도를 뜻한다. 교회 공동체에 진정한 지체가 되기 위해서 필요한 양육의 원리와 내용에 대해 살펴보자.

새신자 양육의 원리

성공적인 새신자 양육을 위해서는 체계적인 준비가 필요하다. 이를 위해서는 다음과 같은 원리를 인식하는 것이 선행되어야 한다.

첫째, 새신자는 교회 안에서 관심의 대상이 되어야 한다. 한 아기가 태어나면 그때부터 온 가족의 관심은 그 아기에게로 몰린다. 마찬가지로 교회는 이제 막 신앙생활을 시작한 새신자를 관심과 사랑의 눈으로 바라봐야 하며 새신자도 그 감정을 피부로 느낄 수 있어야 한다. 이를 위해서는 새신자와 기존 신자 사이의 보이지 않는 벽을 허물고, 기존 신자가 사명감으로 새신자들을 사랑으로 양육할 수 있는 가치관 정립 및 준비된 조직과 체계가 필요하다.

둘째, 실제적인 교육이 있어야 한다. 새신자 양육을 위해 일반적

교회 공동체의 지체가 되기 위한 조건

1. 단지 교회에 나오는 차원이 아니라 영적으로 거듭나고 성장하는 것
2. 정규 예배에 성실하게 출석하는 것
3. 교회에서 여러 친구와 교제를 나누는 것
4. 소그룹에 소속되는 것
5. 교회 안에서 자신의 영적 은사를 개발하고 사용하는 것
6. 그 교회가 지닌 가치를 이해하는 것
7. 다른 불신자를 전도하는 일에 동참하는 것

으로 매주 한 차례씩 4~6주의 교육을 갖는 것이 바람직하다. 교육 내용이 기본적인 성경 지식과 신앙생활의 안내, 교회 활동에 필요한 정보와 같이 실제적이면서도 구체적인 것일 때 새신자들로부터 호응을 얻는다. 또한 교육의 기간을 거침으로써 새신자도 교회의 한 지체로서 자부심을 갖고 열심있는 신앙생활을 할 수 있는 동기가 될 수 있다.

셋째, 기도가 뒤따라야 한다. 새신자는 교육의 대상이면서 동시에 기도의 대상이다. 그러므로 새신자 양육자는 교회 내에 중보 기도의 은사를 지닌 사역자들과 연합하여 적어도 3개월 이상 새신자를 위해 집중적으로 중보 기도해 주는 것이 필요하다. 즉 새신자의

기도 방패가 되는 것이다.

새신자 양육과 훈련의 내용

　새신자 양육에서는 무엇을 훈련해야 하는가? 새신자가 그리스도인으로서 생명력 있는 삶을 살려면 그리스도의 생명체인 교회에 소속되어 지속적인 양육과 돌봄을 통해 자라야 한다. 새신자 양육 담당자들은 새신자가 영적인 어린아이의 수준을 넘어서 교회의 책임 있는 구성원으로서 그리스도의 장성한 분량에 이르기까지 이끌어 주어야 한다. 그렇다면 새신자 양육과 훈련에 있어서 빠져서는 안 될 내용들은 무엇인지 살펴보자.

　첫째, 구원의 확신을 갖게 해야 한다. 신앙생활에 있어서 무엇보다 중요한 것은 자신이 그리스도 안에서 거듭나고 구원받았다는 확신을 갖는 일이다. 구원의 확신이 없는 신앙생활은 모래 위에 성을 쌓는 것과 다름이 없다. 믿음 생활과 교회 활동의 출발은 구원의 확신에서부터 시작된다.

　둘째, 믿음을 개발해야 한다. 기독교는 믿음을 터전으로 삼고 있다. 믿음은 구원의 확신을 지속시키는 원동력이다. 믿음을 개발하려면 그리스도를 중심에 모시고 말씀과 기도, 교제와 증거의 삶을 살아야 한다.

　셋째, 은사를 발견해야 한다. 신앙 성장에 있어서 구원의 확신 못지않게 중요한 것은 은사의 확신이다. 그러기 위해서는 자신의 은사를 발견하고 개발하여 교회를 위해 활용해야 한다. 성령 체험을 통해 은사의 확신이 생기면 자발적인 봉사와 헌신이 가능해진다.

넷째, 성령의 열매를 맺어야 한다. 교인이 된다고 해서 그 사람이 하루아침에 성자가 되는 것이 아니다. 지속적으로 그리스도인다운 삶과 기독교적 윤리 의식에 대해 말씀으로 그리고 행동으로 가르쳐야 한다. 세상에서 빛과 소금의 역할을 하며 살도록 이끌어 주어야 한다.

다섯째, 섬김의 실천이 있어야 한다. 신앙은 지식으로만 자라지 않는다. 직접 몸으로 교회를 섬기고 이웃에게 봉사할 때 균형있는 성장이 이루어진다. 주 안에서의 성공은 섬김으로 나타나야 한다. 또한 봉사는 영적 재생산을 포함한다. 재생산하는 교인이 살아있는 교인이요, 재생산하는 교회가 성장하는 교회이다. 초신자를 제대로 양육하는 일은 훌륭한 전도자를 키우는 것과 같다.

뒷문을 잠그는 교회

한국 교회는 지난 100년간 급속한 부흥을 이루었고 수많은 교회들이 '전도하기' 위해 많은 연구와 노력을 감당해 왔다. 길거리에 나가면 어디서든지 쉽게 볼 수 있는 교회 간판과 십자가는 교회가 한국 사회에서 얼마나 낯설지 않는 존재인지 알게 한다. 많은 사람들이 교회를 방문해 본 경험을 가지고 있는 것도 이와 같은 이유에서이다. 구체적으로 한국 교회 전체를 볼 때 지난 10년간 교회에 한 번이라도 다녀간 사람의 수가 1천만 명에 이른다는 연구 보고가 있다. 그렇다면 왜 1천만 명이라고 하는 엄청난 사람들을 교회는 붙잡지 못한 것일까? 이는 한국 교회가 전도 못지않게 새신자 양육과 정착에 더 많은 관심을 쏟아야 함을 말해주는 것이다. 이제 한국 교회는 뒷문을 튼튼히 잠그고 교회를 찾는 모든 사람들의 영혼에 복음을 심기울 수 있도록 더 많이 고민하고 노력해야 할 것이다. 새신자 정착이 건강하게 이루어 질 때 모든 교회들이 유기적으로 건강하게 성장하리라 믿는다.

새신자 정착
실천 가이드

1_ 새신자가 들어갈 수 있는 자리가 마련된 열린 교회에서 새신자는 환영의 분위기를 진심으로 느끼게 된다.

2_ 새신자 정착을 위해서는 초청, 만남, 면담, 등록이라는 정착의 단계가 있다. 새신자가 정착하기에 실패한다면 교회가 새신자에 대해 무관심했거나 새신자를 배려한 예배가 되지 않았거나, 기존 신자의 헌신의 부족함 등이 이유일 것이다. 그러므로 전도에 앞서 새신자를 정착시킬 준비가 되어 있어야 한다.

3_ 새신자를 양육함으로 정착은 완성에 이른다. 새신자에게 복음의 진리와 성도의 삶과 성령의 거듭남을 전하기 위해서 교육과 기도의 후원이 절대적으로 필요하다.

새신자 목회는 불신자 전도, 공동체 소속, 교육, 재생산과 같은
목회의 중추신경에 해당하는 일과 관련되어 있다.
그야말로 불신자의 신자화, 신자의 교인화,
교인의 제자화, 제자의 사역자화를 이루는
목회의 전 과정이 새신자 사역에 녹아들어 있다.
이런 의미에서 **새신자 사역을 종합 예술**이라고 말할 수 있다.
새신자 사역을 종합적으로 분석해 봄으로써
좀 더 구체적인 대안들을 논의해 보고자 한다.

| **정종현 목사** 교회성장연구소 국제 사역 담당 연구원 |

02

새신자 사역은 종합예술이다

새신자 사역은 교회에서 가장 중요한 사역인 동시에 어쩌면 가장 등한시 되고 있는 분야이다. 보통 교회는 특별히 신경을 쓰지 않으면 장년층의 기성 성도 위주로 운영되기 쉽기 때문에 교회 안의 새신자들은 소홀히 대접받을 확률이 높다. 이것은 새신자 목회에 각별한 관심을 기울이지 않는 이상 새신자 목회를 잘 하기가 어렵다는 것으로 해석된다.

새신자는 각별한 관심을 필요로 하는 화초와 같다. 화초에 물을 주고 매일 들여다보고 가꾸어 주면 자라나지만, 그렇지 않고 방치하면 금방 시들어 버리는 것처럼 새신자 목회도 담임 목회자와 전 성도의 관심의 자양분을 받을 때에만 꽃을 피울 수 있다. '심은 대로 거둔다.'라는 만고불변의 진리가 어느 영역에서보다 힘을 발휘하는 곳이 새신자 사역이다.

늘 새로운 손님이 들어오지 않는다면 마치 고인물과 같이 썩게 되는 것이 인간 조직이다. 이것은 교회 조직에도 그대로 적용된다. 새신자가 오지 않는 교회는 활력이 없다. 교인들에게서 교회에 대한 자부심이나 자신감을 찾을 수 없다. 그리고 활력과 자신감이 없다는 그 사실 때문에 다시 새신자를 끌어들이지 못한다. 이런 악순환에 빠져 있는 교회들은 어디서부터 문제를 해결해야 할지 난감해하는 경우가 많다.

새신자 문제를 풀기 어려운 이유는 이것이 비단 새신자 사역에 국한되는 것이 아니라 교회의 전체 체질과 연관되어 있기 때문이다. 어쩌면 교회의 건강도를 점검하는 '바로미터(barometer)'가 되는 것이 새신자 사역일 것이다. 새신자 목회는 불신자 전도, 공동체 소속, 교육, 재생산과 같은 목회의 중추신경에 해당하는 일과 관련되어 있기 때문이다. 그야말로 불신자의 신자화, 신자의 교인화, 교인의 제자화, 제자의 사역자화를 이루는 목회의 전 과정이 새신자 사역에 녹아들어 있다. 그러므로 새신자 사역은 교회가 교회의 본질을 회복하지 않고서는 올바로 진행되기 어렵다.

새신자는 한 명의 영혼이다. 주님께서 피를 흘리고 값주고 사신 귀한 존재이다. 이 사실을 마음 깊이 느끼는 목회자는 새신자들에게 관심을 기울이지 않을 수 없다. 목회를 효율적으로 하려는 양적 성장론자들도, 그리고 목회를 우직하게 하려는 질적 성장론자들도 새신자 사역을 그냥 지나칠 수는 없다. 주님께서 말씀하신 한 마리의 어린양을 놓고 진지하게 고민할 때 그런 영혼이 은혜를 받고 교회에서 성장할 수 있으며, 그것은 양적 성장으로도 이어지기 때문이다. 그렇다면 새신자 목회의 포인트는 무엇인가?

마인드(Mind)

새신자 목회를 위해서는 먼저 새신자 중심의 마인드가 확산되어야 한다. 모든 것은 마음에서 시작한다는 말이 있다. 마음이 있는 곳에 방법론과 길이 생겨난다. 마인드는 소프트웨어이다. 아무리 잘 포장된 조직이나 훈련 프로그램이 있어도 마인드가 결여되면 제대로 작동할 수 없다. 먼저 담임 목회자의 마음속에 새신자 사역에 대한 열정이 샘솟아야 한다. 새신자가 교회의 왕이요, 왕비라는 의식을 목회자부터 가질 필요가 있다. 교회의 주인은 목회자가 아니요, 주님이며 새신자라는 사고가 퍼져야 하는 것이다.

새신자에 대한 담임 목회자의 마인드가 확실하다면 이제는 성도들과 공유하는 단계를 밟아야 한다. 변화와 개혁은 어느 누구도 혼자의 힘으로 되지 않는다. 반드시 여러 사람이 힘을 합해야 한다. 교회의 체질 개혁, 새신자 목회로의 갱신은 담임 목회자와 성도들의 합작품일 때 가능하다. 요시야 왕의 종교 개혁이 실패로 돌아간 것은 요시야 왕의 개혁 이념이 엉성하거나 부족해서가 아니었다. 오히려 그의 개혁이 이스라엘 백성들과 충분한 교감과 동의의 기반

위에서 진행되지 않고, '위로부터의 개혁'의 형태로 민중에게 급강하했기 때문이다. 아무리 선한 이념과 정책도 성도들의 공감을 사지 못하면 힘을 발휘하기 어렵다.

조직(System)

마인드가 퍼졌으면 이제는 그것을 실행할 구체적인 단계 조치들을 만들어야 한다. 그중에 중요한 것은 조직을 갖추는 것이다. 여기서 말하는 조직은 그리 거창한 것이 아니다. 새신자 사역만을 전담해서 맡을 몇 명의 사람들의 모임도 조직으로서 훌륭하다. 중요한 것은 새신자 사역에 대한 비전을 공유하고 한 마음이 될 수 있는 사람들이 모이는 것이다.

보통 기업이나 정부에서 중요한 일을 할 때는 특별업무팀(task force team)이 구성된다. 이 팀은 다른 일에 관여하지 않고 오직 맡겨진 임무에만 충실한다. 마찬가지로 새신자를 위한 조직을 만든다면, 이를테면 새신자 전담 부서로 명칭해도 좋을 것인데, 그 일에만 전념할 수 있도록 여건을 조성하는 것을 잊지 말아야 한다. 새신자 정착률이 90%를 이루었던 진주영락교회의 김태영 목사는 부서의 독립, 예산의 독립, 공간의 독립이 중요하다고 강조한다. 이처럼 조직적으로 새신자 관리를 해야 새신자 사역이 힘을 얻는다.

조직에서 중요하게 고려할 것은 소그룹이다. 소그룹은 다양하게 분화해 가는 현대 사회의 흐름에 가장 역동적으로 대응할 수 있는 목회적 기제이다. 예배가 새신자들이 유입되는 '앞문'이라면 소그룹은 새신자들의 이탈을 막는 '뒷문 막이'이다. 윈 안(Win Arn)이라는 교회 컨설턴트는 말하기를 성도 100명 당 약 7개의 소그룹이 있어야 한다고 제안한다.[1]

이처럼 소그룹이 적당량 존재하여 예배와 함께 갈 때 새신자를 확실히 잡을 수 있다. 주안장로교회에서는 소그룹 모임이 새신자 중심으로 운영된다고 한다. 새신자가 대화에서 소외되기 쉬운 구역 예배 때 새신자를 중심으로 화제를 선정한다. 그리고 새신자를 구역 모임에서 왕과 왕비로 모신다는 것이다. 단지 소그룹을 많이 만드는 것에 중점을 두지 말고 진정으로 새신자를 위한 소그룹 운영이 이뤄지고 있는지를 점검해야 할 것이다.

사람(Man)

조직을 갖춰서 새신자를 정착시키고 양육한다면 이제는 그 일을 하는 사람의 문제를 생각하지 않을 수 없다. '운영의 묘'라는 말이 있듯이 시스템이 전부가 아니라 '누가' 그 시스템을 운영하느냐가 중요한 것이다. 실제 새신자가 접촉하는 것은 조직이 아니라 사람이기 때문이다.

우선 새신자 전담 부서에서 일하는 사람들이 최고가 되어야 한다. 전담 부서의 교역자는 가장 실력있는 사람으로 배치해야 한다. 그리고 새신자 사역의 꿈이 있고, 은사가 보이는 사람들에게 지속적으로 일을 맡겨 나름대로 노하우를 쌓도록 하는 장기적 비전이 필요하다.

그리고 새신자 부서에서 봉사하는 평신도들의 영성 관리와 기술 훈련이 중요하다. 신촌성결교회는 이 부분을 매우 강조하는데. 부원들의 영성 관리를 위해 기도회를 정기적으로 갖고, 팀워크를 다질 수 있는 수련회를 개최하는 등 새신자 부서 인적 자원의 능력을 극대화하기 위해 애쓰고 있다.

특히 새신자와 깊은 인격적인 신뢰와 친밀감을 바탕으로 개인 양육을 시행하는 일대일 양육 위원의 존재는 매우 중요하다. 새신자 양육의 성패는 일대일 양육 위원에게 달려있다. 일대일 양육은 새신자의 정착과 양육에 매우 효과적이기 때문에 일대일 양육자가 없는 교회는 지금 당장 일대일 제도를 만들어야 하며, 이미 일대일 양육 위원이 있는 교회는 그들의 역량 개발에 집중 투자해야 한다. 목회자의 역량 이상으로 교회가 성장할 수 없는 것처럼, 양육자의 능력 이상으로 새신자가 양육될 수 없기 때문이다.

또한 새신자를 위해서 친구를 마련해 줘야 한다. 사실 새신자가 교회에 처음 오게 되면, 마치 기독교인이 불교 사원이나 힌두교 예배당에 들어가는 것 같은 문화 충격을 겪는다. 이런 충격을 완화시켜주고, 안정감과 편안함을 줄 수 있는 도우미가 필요한데 이런 사람들은 많을수록 좋다. 새신자가 왔을 때 그와 비슷한 사람을 연결시켜주는 '매칭 시스템(matching system)'을 개발할 필요가 있다. 찰스 안(Charles Arn)이라는 교회 성장 학자는 교회 안에 친구가 7명이 있으면 절대로 새신자가 빠져나가지 않는다고 말했다.[2] 담임 목회자는 새신자가 자신의 마음을 터놓을 수 있는 친구를 붙여 주는 일에 신경써야 한다.

프로그램(Program)

교회가 기성 교인을 중심으로 운영되면 새신자는 프로그램에서도 소외되기 쉽다. 그렇지만 새신자를 정착시키고 양육하기 위해서는 그들을 위해 구성된 프로그램이 필요하다. 프로그램에 과도하게 의존하는 것도 좋지 않지만 프로그램을 완전히 배제하는 것도 바람직한 태도는 아니다. 프로그램을 통해서 역사하시는 성령이 중요한 것이다.

여기서 프로그램이란 일정한 교육 과정을 말한다. 새신자는 무엇보다 단계별 교육 프로그램을 거쳐야 한다. 요즘 성도들의 지적 수준이 높아지면서 단계별 제자 훈련은 거의 모든 교회의 필수 품목으로 되어가는 느낌이다. 교육 과정이 탄탄하지 않으면 앞으로 새신자를 정착시키기 어려울 것으로 예상된다. 요즘에는 많은 대형 교회에서 이런 프로그램을 잘 갖추고 있기에 이런 교회의 것을 잘 변형하여 적용하면 좋을 것이다.

또한 후속 프로그램(follow-up program)도 중요하다. 새신자를 적당한 시기에 심방하는 것, 새신자 환영회, 새신자 간증회 등은 매우 좋은 프로그램이다. 심방 받지 않은 새신자가 등록 교인이 될 확률은 7~12%이고, 심방을 하면 그 비율이 30%~40%로까지 뛰어오른다고 한다.[3] 요즘 들어 높은 정착율을 나타내고 있는 새문안교회에서는 매달 말에 새신자 환영회를 열어 담임 목사와 새신자가 접촉하는 기회를 갖고 있다. 제자교회에서는 새신자로 하여금 예배시간에 간증하도록 하는데 듣는 사람과 간증하는 사람이 모두 은혜 받는 좋은 프로그램으로 정착했다. 프로그램은 마인드만 뒷받침 된다면 얼마든지 개발할 수 있다.

이상을 정리해 볼 때 새신자 사역은 어느 한 사람의 작품이 아니고 교회 전체가 관여해야 하는 종합예술임을 알 수 있다. 담임 목회자와 평신도가 한 마음으로 연합해야 한다(human-ware). 조직과 일할 사람이 모집 되어야 하며(hard-ware), 이를 돌릴 수 있는 적절한 프로그램이 존재해야 한다(soft-ware).

새신자 목회는 이와 같이 교회의 전체 체질을 건드리는 거대한 작업이며, 그만큼 힘이 들기는 하지만 보람도 큰 매우 귀중한 사역이다. 또한 교회의 본질을 회복하도록 이끄는 이 시대의 중요한 과제이다.

새신자 정착
실천가이드

1_ 새신자 문제를 풀기 어려운 이유는 이것이 비단 새신자 사역에 국한되는 것이 아니라 교회의 전체 체질과 연관되어 있기 때문이다.
2_ 새신자가 교회의 왕이요, 왕비라는 의식을 목회자부터 가질 필요가 있다.
3_ 새신자 전담 부서에서 일하는 사람들이 최고가 되어야 한다. 전담 부서의 교역자는 가장 실력있는 사람으로 배치해야 한다.
4_ 새신자는 무엇보다 단계별 교육 프로그램을 거쳐야 한다. 교육 과정이 탄탄하지 않으면 앞으로 새신자를 정착시키기 어렵다.

part 03

한국교회 새신자 정착모델 베스트 4

사랑의교회는 새신자에 대한 열망으로 가득하다.
옥한흠 목사가 직접 새가족부를 지휘하였고
이후에도 끊임없는 새가족부에 대한 열의와 사랑은
사랑의교회 새가족부를 한국 교회 신자 양육의
기본 지침이 되는 부서로 만들었다.
기본에 충실한 사랑의교회의 새신자 사역을 통해
새신자 정착 양육의 기본 지침을 알아보도록 하자.
| 강명옥 전도사 사랑의교회 양육 담당 |

01

새신자 정착의 기본 틀을 이해하라

　다른 교회에서 수평 이동을 해왔든, 전도를 받아서 교회에 처음으로 입문했거나 상관없이 새로운 생활을 시작한다는데 있어 느낌은 비슷하다고 본다. 한번 나무를 옮겨 심으면 뿌리를 내리기까지 3년이란 기간이 필요하듯이 새신자가 교회에 정착하는데도 그 토양을 받아들이고 주변 환경과 어우러지기 위해서는 시간이 필요하다. 문제는 많은 교회들이 새신자 양육에 대한 관심을 갖고 있다고는 하지만 그만큼의 열매가 없다는 것이다.

　전도해서 사람들을 교회로 나오게 할 수는 있지만 그를 참된 신자가 되게 하기는 어려운 일이다. 한 해 동안 교회에 다녀가는 사람은 많지만 결실을 얻지 못하고 떨어지는 자가 많은 것은 교회의 책임이라고 생각한다.

사람은 자기 수준만큼 이해하고 받아들일 수 있다. 그러므로 별다른 대책이 없다면 새신자는 교회에 나와서 수준 높은 설교를 듣고 은혜받기 보다는 설교 구경만 하고 졸다가 결국 그 영혼은 굶어서 돌아가는 것이다. 새신자들은 처음부터 설교에 은혜 받기 보다는 거의 대부분은 무슨 소리를 하는지 알아들을 수가 없다고 말한다.

새신자에 대한 이해

새신자 모임에 나오는 사람들의 특성 분석

① 양육이 필요한 자들이었다

사랑의교회 새신자 모임에 나오는 사람들은 60%정도가 새신자였고 40%가 믿다가 실족했거나 타 교회에서 옮겨 와서 등록한 경우였다. 그러므로 자연히 복음을 강조하게 되었고 주로 주부들이었기 때문에 가정생활과 신앙생활의 조화를 예화로 들어서 쉽게 인도하기 시작했다.

처음으로 예수 믿고 교회 나온 경우에는 호기심이 많고, 성경의 진리에 대한 질문이 많을 수밖에 없다. 영적인 유아기를 거쳐서 성장해 나가게 되므로 이런 시기에 그들의 의문점들을 말씀을 통해 풀어주어 확신을 주고,

삶에 적용시킬 수 있도록 이끌어 갔다.

② 보호가 필요한 자들이었다

신생아에서 유아기로 넘어가면 저항력이 약하고 민감하며 면역성이 없기 때문에 모든 질병에 노출되어 있는 시기라고 할 수 있다. 그러므로 예방 접종을 해야 하고 면역성이 길러지기까지 순전한 젖으로 먹이고 보호해야 한다.

마찬가지로 새신자는 영적으로 미성숙하기 때문에 옛 생활의 유혹으로 뒤를 돌아보거나, 사탄의 공격으로 영적으로 불안한 시기를 겪기도 하고, 분별력이 없기 때문에 사이비 종교의 유혹을 받는 사람들도 있다. 그러므로 늘 전화를 걸어주거나 관심과 사랑을 가지고 돌보아 주어야 했다.

③ 가르침이 필요한 자들이었다

젖을 먹던 자가 단단한 식물을 먹도록 도와주고, 지각이 열려 선악을 분별하고 주님과의 교제가 지속되도록 가르쳐 주는 것이 필요하다. 그들은 양육을 통해 마땅히 행할 것을 행하고 하나님을 기쁘시게 하는 삶을 살아가게 된다.

새신자의 유형

① 목회자의 접근을 불편해 하는 새신자

새신자는 물론 대부분의 성도들은 교역자와의 만남을 부담스러워 한다. 이런 경우에는 훈련을 받은 평신도 양육자와의 접촉이 자연스럽고 적절하다. 비슷한 위치나 상황에 있는 사람에게는 경계를

새신자 등록을 하고 있는 모습

누그러뜨리는 것이 일반적이기 때문에 평신도 양육자와의 만남을 통해 교회 분위기를 익힌 후, 목회자와의 만남을 갖는다면 한결 부드러운 분위기에서 대화를 이끌어 나갈 수 있을 것이다.

② 확신이 없는 새신자

사랑의교회 새신자 모임 수료식 간증의 시간에 나온 이야기이다. "저는 40년 동안 교회를 다니면서 교사, 성가대, 여전도회 회장 등 교회의 직분을 두루 거치면서 신앙생활을 열심히 했지만 이제야 예수님을 인격적으로 만나게 되었습니다." 이런 간증을 통해 수평 이동한 교인을 포함하여 모든 새신자는 새신자 양육을 받아야 함을 알 수 있다.

③ 죄 가운데 거했던 생활을 끊지 못하는 새신자

기독교의 진리를 구체적으로 선포하는 것은 매우 중요한 일이다. 새신자라고 해서 적당히 수준을 낮추고 타협하는 자세를 가져서는 안 된다. 첫 단추를 잘못 채우면 연속적으로 문제가 생기는 법이다.

⑤ 가정에서 핍박 당하는 새신자

믿지 않는 사람들 속에서 한 사람만 예수님을 믿으면 주변 사람들로부터 공격을 받게 된다. 바로 이때 우리가 어떻게 돕느냐에 따라 달라질 수 있다. 그들을 돕는 방법 중에 가장 기본적이면서도 핵심적인 것이 중보 기도와 사랑의 베품이다.

⑤ 교회나 교리 문제로 시험에 빠진 새신자

새신자 정착 양육 교육을 받을 때가 교회나 교리상의 문제를 바로 잡을 수 있는 최적의 기회이다. 새신자는 스스로의 문제를 자발적으로 드러내기를 두려워한다. 따라서 교회는 새신자들이 안고 있는 문제들을 자연스럽게 꺼내어 놓을 수 있는 시스템과 분위기를 마련해 두는 것이 중요하다.

⑥ 미운 오리 새끼 끌어안기

이런 저런 핑계를 대면서 새신자 모임 참석을 거부하는 경우, 초신자는 교회의 낯선 환경 등에 대한 부담감 때문에, 수평 이동한 신자인 경우는 새신자 모임을 무시하는 이유 때문일 것이다. 따라서 새신자 모임은 그리스도의 장성한 분량에까지 자라가야 하는 모든 성도들을 위한 양육 과정이라는 것을 주지시키는 시간이 필요하다.

새신자 정착 요건

새신자 정착시키기

첫째, 복음의 핵심이 잘 전달되는 메시지를 사용하는 것이 좋다. 교회 안에서 쓰이는 어휘와 용어, 표현은 그리스도인들에게는 쉽고 당연한 말들이지만 새신자들에게는 이해하기조차 어려운 암호같은 것이다. 때문에 교회 내에서 통용되는 단어나 개념을 처음 교회에 나온 사람들도 이해하기 쉽게 바꾸어서 사용하는 것이 좋다. 새신자 양육을 담당하는 인도자의 경우는 새신자들에게 전달해야 할 메시지의 내용뿐만 아니라 표현까지 늘 연구하고 준비해야 한다.

둘째, 살아 있는 예배를 지향하는 것이 좋다. 형식과 격식에 치우쳐서 자칫 딱딱하기만 하고 예배하는 자가 배제된 제사로 새신자를 경직되게 만드는 대신에, 고요하면서도 영적으로 하나님께 나가고 있다는 의식을 갖게 하는 살아 있는 예배가 되어야 한다.

셋째, 환영의 분위기는 새신자의 마음을 사로 잡는다. 새로운 사람을 환영하는 일에는 지혜가 필요하다. 처음 온 사람을 입구에서부터 알아봐 주고 그 사람의 상황을 잘 살펴 도와주는 것이 필요하

> 사랑의교회는 새신자가
> 주일날 등록을 하게 되면
> 사랑의교회 안내서와
> 담임 목사의 설교 테이프와
> 교회 생활에 필요한
> 여러 가지 자료를 준다
> 그리고 곧바로 우편을 통해
> 새신자 모임을 소개하는 카드와
> 새신자 모임 소개서를
> 집으로 보내준다

다. 그렇게 하기 위해서는 이 사역을 담당할 사역자를 훈련시키는 것이 매우 중요하다.

넷째, 친절과 관심을 끊임없이 공급해야 한다. 정착한 그리스도인들이 먼저 도움을 주면 도움을 받았던 새신자들은 성장하고 나서 자신이 받은 도움을 나눠준다. 다락방(구역) 모임을 비롯한 소그룹 모임을 통해서 친절을 훈련시키는 일에 비중을 두고 서로 쳐다보면서 웃는 연습을 하는 것도 필요하다. 새신자와 있을 때는 기독교의 용어보다는 새신자들의 언어로 대화하는 노력이 필요하다.

다섯째, 사랑의 관심이 필요하다. 집안에 아기가 있으면 모든 것이 아기를 중심으로 바뀐다. 집안 여기저기에 아기 용품이 넘쳐나고 집안 온도도 아기에게 맞추어진다. 아기가 실수를 해도 즐거워한다. 교회도 이와 같아야 한다.

마지막으로 새신자 양육이 실질적인 효과를 거두려면 실질적인 투자가 필요하다. 교회의 적극적인 금전적 지원과 투자가 바로 그것이다.

새신자에게 다가가기

새신자가 교회에 등록하면 24시간 안에 전화 연락을 하는 것이 좋다. 여러 연구 보고서에 따르면 하루 만에 접촉이 성사되면 90% 이상의 성도가 교회에 정착한다는 결과를 보여주고 있다. 48시간이 지난 후에 연락을 취하면 정착률은 50%로 줄어들고, 일주일이 지나면 대부분 마음이 흔들린다는 것이다. 새신자들은 섬김과 관심을

새신자 결신의 시간

새신자 예배의 간증

필요로 하는 영적 아기이다. 새신자에게 다가가기 위한 구체적인 방법은 첫째, 새신자가 와서 교회에 등록을 할 때에는 반드시 휴대전화번호를 받아두어야 한다. 휴대전화는 집 전화보다 더 확실한 연락 방법이다.

둘째, 요즘은 어디에서나 인터넷 사용이 가능하다. 휴대전화로 연락이 안 될 경우에는 환영의 메시지와 함께 신앙생활을 지속적으로 해 나갈 수 있도록 용기를 주고 축복하는 내용의 메일을 보낸다. 뿐만 아니라 교역자와 직접 만나기를 꺼리거나 너무 바빠서 시간을 내기 힘든 새신자에게 유용한 도구로 사용된다.

셋째, 심방이다. 평신도와 함께 대화할 수 있어야 한다. 심방에 가서 반드시 예배를 드릴 필요는 없다. 대화의 창구를 열고 개인적인 문제로 들어갈 수 있는 통로를 갖추어야 한다.

새신자 정착 프로그램 운영

사랑의교회 새신자 양육의 실제

① 새신자 등록

사랑의교회는 새신자가 주일날 등록을 하게 되면 사랑의교회 안내서와 담임 목사의 설교 테이프와 교회 생활에 필요한 여러 가지 자료를 준다. 그리고 곧바로 우편을 통해 새신자 모임을 소개하는 카드와 새신자 모임 소개서를 집으로 보내준다. 새신자는 한 주간 동안 그것들을 듣고 읽으면서 교역자 심방을 기다리게 된다.

② 심방과 다락방 참석

구역 담당 교역자는 24시간 안에 새신자에게 전화해서 심방 약속을 하고 다락방을 인도하는 훈련된 순장(타 교회에서는 구역장이라 함)과 함께 심방을 가서 연결해준다. 순장은 이때부터 영적인 어머니가 되어서 그들을 일대일로 돌보면서 다락방에 나와서 소그룹 모임을 통해 사랑을 받으며 자라도록 도와준다.

③ 새신자 모임 참석과 양육 및 교육을 받음

이와 동시에 새신자 모임에 참석해서 은혜 받도록 도와주고 안내해 준다. 5주 동안 새신자 모임을 마치게 되면 다락방에서 축하해 주고, 교회 안에 단기 강좌인 양육 체계 세미나에 참석하거나, 성경을 전체적으로 공부할 수 있는 성경 대학이나 교리를 공부할 수 있는 모임을 소개해 주어서 양육과 교육을 받도록 인도해 준다. 이렇게 교회 안에서 영적으로 잘 준비되어 가는 사람은 교회를 통해 자신에게 맞는 사회봉사를 하면서 제자 훈련을 준비를 하게 된다. 처음으로 예수를 믿은 사람이 제자 훈련에 들어오기까지는 4년이란 기간 동안 양육과 교육을 받으면서 준비하게 된다. 다른 교회에서 신앙생활을 오랫동안 하다가 옮겨온 경우에는 새신자 모임 참석 후 다락방에서 사랑의교회를 익히고 소그룹 환경에 적응하는 1년의 기간을 거쳐 제자 훈련을 받게 된다.

이렇게 양육과 교육된 사람은 2년간의 제자 훈련과 사역 훈련을 통해서 또 다른 사람을 양육할 수 있는 양육자로 성숙되어진다. 그래서 사랑의교회 순장들은 적어도 신앙생활을 시작해서 6년 동안 교육과 훈련을 받아서 다른 사람들을 섬기는 평신도 지도자로 세워진 자들이다.

사랑의교회 새신자 모임 운영

① 새신자 모임을 알리는 홍보

새신자 모임을 운영하는 것은 여러 가지 준비가 필요하다. 먼저 새신자 모임에 참석하도록 홍보하는 것이 중요한데 사랑의교회는 주보를 통한 광고와 예배 시 사회자가 환영을 하면서 새신자 모임을 소개해 주어서 참석할 수 있도록 인도해준다. 다음으로는 새신자 모임 자원 봉사자들이 새신자 모임에 초대하는 카드와 새신자 모임 안내서를 집으로 발송해서 새신자 모임을 소개한다. 여기에 구역 담당 교역자의 심방 시 권유와 다락방 순장의 인도가 함께 어

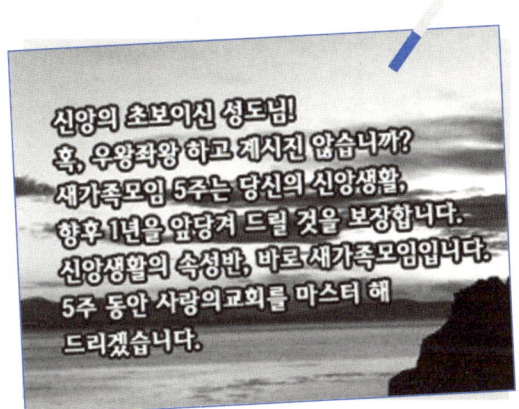

새신자 모임에 대한 홍보

우러져 적극적으로 홍보하게 된다. 여기에 한 가지 중요한 것은 제도적으로 반드시 새신자 모임을 거쳐야 학습과 세례를 받을 수 있고 제직 임명이나 여러 훈련 과정에 들어가는 데도 필수 과정임을 못 박아두는 것이다. 이렇게 함에도 불구하고 사랑의교회에 등록하는 새신자들 중에는 10년 동안 새신자 과정을 하지 않고 변두리에 서성이다가 나오는 경우도 없지 않다. 그러므로 억지로가 아니라 자원하는 마음으로 참여하게 하되 새신자 모임을 통한 열매를 계속 보여 주어 많은 새신자들의 참여를 유도한다. 그러면 언젠가는 새신자 모임에 나와 변화 받는 놀라운 일들이 일어난다.

때로는 새신자 모임의 평신도 봉사자들이 눈물겨운 사랑의 수고와 믿음의 실천, 소망의 인내를 통해 헌신하는 모습을 보게 된다

10년 만에 새신자 모임에 나온 노신사가 있었다. 그는 수료하는 날 "이렇게 좋은 것을 왜 이제야 했는지 모르겠다."라고 말하면서 감사해했다.

② 시간 운영

전체 2시간 동안 진행을 하게 되는데 15분 동안 찬양 팀이 찬양을 인도한 후 5분간 기도 인도와 80분 동안의 강의가 진행된다. 그 후 20분 동안 만남의 시간을 갖는다. 처음 새신자 모임에 온 사람들에 대한 안내와 5주 수료하는 사람들에 대한 모임을 자원 봉사자들의 인도 하에 따로 분리해서 모인다. 이때 간식을 먹으면서 간증의 시간이 이어지고, 서로 받은 은혜를 나누면서 사랑의 공동체 속에 속한 하나님의 백성임을 확인하게 된다. 이때가 봉사자들이 가장 보람

교재 내용

1과 | 유일한 구원자 예수 그리스도를 공부하게 되는데 예수님만이 유일한 구원자이심을 십자가의 구속 사건과 복음의 핵심을 강의하게 된다. 이날은 마지막 마무리를 하면서 결단의 시간을 갖는데 철저하게 준비해야 한다. 예수님을 자신의 구주로 고백할 사람들은 일어나게 하고 결단 기도를 통해서 구원의 확신을 갖게 해준다.

2과 | '믿음이란 무엇인가?' 믿음의 대상과 내용인 예수님에 대해 확인하는 시간을 가짐과 동시에 믿음과 구원의 관계와 참 믿음을 소유한 자가 누릴 축복 등을 가르쳐준다. 그리고 한 주간을 지나면서 누구에게든 "나 예수 믿는 사람이에요!"라는 고백을 하루에 한 번 이상 해오도록해서 예수님과의 관계를 선포하는 숙제를 내준다.

3과 | '어떻게 하면 신앙생활을 잘할 수 있는가?'라는 주제를 놓고 강의하게 되는데 신앙생활을 변함없이 하기 위해 필요한 것과 주의해야 할 것, 신앙생활을 방해하는 것, 적극적으로 신앙생활을 하기 위한 방법을 제시해준다. 마무리 하면서 주님과 만날 약속 시간을 정하게 하고 오른손을 들고 많은 증인 앞에서 서약함과 동시에 이제부터 기본적인 큐티를 해오도록 숙제를 내준다.

4과 | 성경은 하나님의 말씀이다. 영감으로 기록된 말씀의 능력과 성경을 주신 목적과 성경을 대하는 태도 등의 말씀을 배움으로 성경의 권위를 인정하게 해준다.

5과 | 교회와 그 중요성을 공부하면서 교회가 무엇인지에 대해 강의한다. 그리고 사랑의교회 목회 철학과 목회 전략과 목회 방법을 설명해 주고 예배자의 자세와 사랑의교회 목회 현장을 소개한다.

※ 강의 전체 내용은 『새신자에게 꼭 가르쳐야 할 다섯가지 원리』라는 책에서 확인할 수 있다.

을 느끼는 순간이라고 할 수 있다.

③ 강의 개발

이미 출판되어 나와 있는 교재를 사용하지만 강의를 준비하는 교역자는 매주 대상자들을 생각하면서 예화를 점검하고 기도하면서 교재 개발을 해야 한다. 강의 시간에 은혜를 받지 못한다면 아무리 제도적으로 참석하도록 격려해도 모이기 어려울 것이다.

새신자 모임 기간을 너무 길게 잡아서 6개월간 한다면 지루해질 것이다. 어느 정도 선에서 기초 양육을 한다고 생각하고 5주 정도면 아쉬움을 가지고 수료할 수 있어서 매력적이라고 본다. 언제든지 새로 들어올 수 있고 수료도 각기 다른 강의 5과를 들을 수 있도록 만들어 놓았다. 그러므로 매주 처음 들어온 사람이 있고, 매주 수료생들이 있다.

④ 평신도 봉사자 관리와 사역 분담

• 평신도 봉사자 관리

어느 정도 훈련된 평신도들은 헌신할 동기가 부여되고 사역의 기쁨을 느끼기 시작하면 충성스럽게 희생한다. 때로는 새신자 모임의 평신도 봉사자들이 눈물겨운 사랑의 수고와 믿음의 실천, 소망의 인내를 통해 헌신하는 모습을 보게 된다. 그들의 노고를 알기에 매주 모든 봉사를 마친 후에 함께 식사를 하면서 성도 간에 교제를 나누고 서로 기도 제목들을 나누고, 서로를 위해 기도하면서 하나 된 의식을 느끼도록 하고 있다. 성경 한 권을 정해서 말씀을 나누고 말씀을 붙들고 다시 기도하면서 한 주간 살아갈 힘을 공급받고 서로 축복하며

오정현 담임 목사의 새신자 환영

주일 봉사를 마무리 하게 된다.
• 사역 분담

강의 시작 전에 찬양 팀은 앞에서 찬양을 인도하고, 뒤에서는 출석부 기록과 강의실 자리 배치 및 안내, 교재 및 찬양집 배부와 처음 나온 사람 파악과 수료자 파악을 하면서 각자 맡겨진 일들을 충실히 행한다. 반면 강의가 시작되면 결석자를 파악하여 엽서 발송을 위해 준비하고 수료자 명단을 준비하고 수료자 선물 준비와 행정 서식 등을 점검하여 미비 한 것이 없도록 한다. 강의 후에는 처음 온 사람에게는 간식과 함께 '새신자 모임을 시작하면서'라는 양

> 사랑의교회 소그룹의 특이한 점은
> 방석 하나를 비워 놓는 것이다
> 빈 방석은 불신자가
> 들어와서 앉을 자리이다
> 그 자리를 보면서 사람들은
> 그 자리에 앉힐 새신자를
> 위해서 기도한다

식을 나누어주고 기록하게 한 후 새신자 모임을 소개하고 계속해서 나올 수 있도록 복잡한 주차장 안내와 여러 가지 혜택을 알려주는 팀이 움직일 수 있도록 한다. 5주 수료하는 사람에게는 간식과 함께 선물을 나누어주고 간증을 할 수 있도록 이끌어 가게 하는 팀이 움직일 수 있도록 한다. '새신자 모임을 마치면서'라는 양식을 기록하게 하고 기록한 것을 근거로 하여 전도 폭발 대상자와 일대일 양육자 파악, 다락방 연결이 안 된 경우에 다락방 연결을 해주고 구역 담당 교역자에게 서류를 넘긴다. 마지막으로 전산 작업까지 평신도 봉사자들이 수고하고 있다.

⑤ 새신자 모임 이후 후속 처리

구역 담당 교역자와 연결시켜 주어서 계속 구역 교역자와 다락방 순장과 순원들의 돌봄 속에 성장하도록 도와준다. 교회가 커가면서 담임 목사와 새신자들이 만날 시간이 없으므로 분기별로 나누어서 '담임 목사님과의 만남의 장'이라는 시간을 마련한다. 여기에는 인도한 사람까지 초청해서 축제의 분위기로 새신자들의 하나 됨을 확인하게 한다. 이 모임을 위해서 평신도 봉사자들과 함께 2달 전부터 기도하면서 예산을 세우고 세부 사항을 하나씩 점검하면서 준비한다. 수료자들에게 엽서를 보내고, 모든 자료를 일목요연하게 뽑

아서 구역 담당 교역자가 전화로 참석 여부를 확인한다. 인원 파악 후에는 식사를 준비하고, 모임을 갖는 장소는 축제의 분위기로 꾸민다. 당일에는 입구에서 평신도 봉사자들이 인사를 하면서 환영하고 명찰을 찾아서 달아 주고 자리까지 안내해 주는데, 자리는 구역 담당 교역자와 함께 앉을 수 있도록 마련한다. 50분 동안 식사하면서 구역 담당 교역자의 인도 하에 성도 간의 교제를 나눈다.

이때 각 테이블을 다니면서 담임 목사와 사모가 손을 잡아 주고 인사를 하면서 가까이에서 만나는 은혜를 누리도록 배려한다. 15분 동안 은혜로운 게임으로 분위기를 부드럽게 만든 다음에 찬양을 통해서 마음을 열게 하고 수료자 중에서 두 사람 정도 간증을 하도록 한다.

특송 순서에 이어서 교역자와 장로 소개를 한 후 담임 목사와 사모를 소개하고 이어서 담임 목사와의 시간이 계속되면서 분위기는 클라이막스에 도달하게 된다. 담임 목사는 마음대로 사람을 불러내어서 인터뷰 형식으로 진행하다가 당부의 말씀과 함께 사랑의교회를 소개하고 그들을 진심으로 환영해 준다.

자상한 아버지처럼 성도들의 어려운 문제점들을 하나씩 들어서 설명해 주고 질문을 받아서 교회가 시정할 사항은 시정하려 한다는 의지를 보임으로써 새신자 모임 환영의 시간에 참석한 사람들은 인간적으로 담임 목사를 만났다고 흥분하기도 한다. 몇 차례 이 시간을 진행하면서 이런 자리가 꼭 필요하다는 것을 느꼈다.

새신자 정착 양육 방법

다양한 정착 양육 방법

① 개인 양육

효과적인 일대일 양육을 위해서 지켜야 할 몇 가지 원칙이 있다. 첫째, 일대일 양육은 쉬워야 한다. 둘째, 만남 시간은 30분을 넘지 않도록 한다. 셋째, 기간은 4주 정도가 효과적이다. 첫 주에는 가정 방문을 해서 구원의 확신과 꿈이 있는지, 혹은 다른 특별한 문제는 없는지 점검한다. 둘째 주에는 교회에 익숙해 지도록 교회 시설과 용어들을 설명해 준다. 교회의 구석구석을 안내하면서 교회를 익히게 하고, '목사', '집사', '헌금', '아멘' 등 기본적인 교회 용어들을 가르쳐 준다. 셋째 주에는 성경을 찾는 법과 성경을 매일 읽어야 하는 이유를 설명해 준다. 그리고 마지막 주에는 새신자를 양육자의 집으로 초대한다. 그날의 주제는 예배의 중요성과 자세이다.

② 소그룹을 통한 양육

사랑의교회 소그룹의 특이한 점은 방석 하나를 비워 놓는 것이다. 빈 방석은 불신자가 들어와서 앉을 자리이다. 그 자리를 보면서 사람들은 그 자리에 앉힐 새신자를 위해서 기도한다. 그러다 보면 빈 방석이 2개, 3개로 점점 늘어난다.

③ 지역 담당 교역자를 통한 양육

일대일 양육자와 교역자의 역할은 엄연히 구분돼야 하지만 협력해야 하는 부분이 더 많다. 일대일 양육자는 새신자 양육과 관련해

새신자 양육을 담당하는 양육 위원들

문제가 발생하면 즉시 담당 교역자에게 알려 필요한 도움이나 조치를 받아야 한다. 담당 교역자와 양육자 간에 유기적인 역할 분담이 이뤄질 때 새신자의 정착은 부드러운 연착륙이 가능해진다.

④ 편지 양육

흔한 경우는 아니지만 새신자가 직접 모임에 참석하기 어려운 경우 편지를 통해 양육하는 방법을 사용하는 것이 좋다. 편지 양육에 있어 주의해야 할 점은 반드시 양육자를 통한 전화 양육과 병행해야 한다는 점이다. 편지 양육은 새신자 모임에 참석하는 사람들에 비해 실족할 위험이 크므로 좀 더 세심한 배려와 관심이 요구된다.

⑤ 봉사를 통한 양육

새신자가 교회 안에서 다양한 봉사를 할 수 있도록 봉사의 장을 마련해 준다. 재활원이나 고아원, 양로원에 가서 봉사할 수 있는 시간을 만드는 것도 좋은 방법이다. 봉사를 한 다음에 일지를 쓰게 하면, 많은 사람들이 새로운 은혜를 경험하는 것을 볼 수 있다. 봉사를 통해서 조금씩 교회를 알아가고 성장할 수 있다.

새신자 양육 후 후속 양육

첫째는 담임 목사와의 만남을 가지는 것이다. 작은 규모의 교회에서는 담임 목사가 직접 새신자 모임을 인도하기 때문에 특별히 별도의 만남을 준비할 필요는 없다. 그러나 성도가 200명이 넘는 교회에서는 새신자 모임에서 담임 목회자를 만나기 힘들다. 사랑의 교회에서는 4주 동안은 강의하고, 5주째는 담임 목회자와 만나는 시간을 갖는다. 경우에 따라서는 5주 동안 강의하고 하고 6주째에 큰 행사를 할 수도 있다. 이 시간에는 목회자의 목회 철학을 나누는 것이 좋다.

두 번째 후속 양육은 양육 소그룹인 다락방으로 연결하는 것이다.

셋째는 단계별로 선택해서 들을 수 있도록 다양한 신앙 강좌를 연결해 주는 것이다. 평신도 성경 대학, 교사 훈련원, 가정생활 세미나, 중보 기도 학교, 큐티 세미나, 소그룹 인도법 등을 통해서 영성 생활에 대한 훈련을 하거나, 예향회(노래, 붓글씨, 등산), 주바라기(사별 여 성도 모임), 기드온(30대 이상 싱글 모임) 등을 통해서 문화생활에 대한 교제를 할 수 있다.

　마지막으로 전산처리를 통한 양육이다. 한 사람 한 사람에 대한 정보를 전산 시스템에 입력해 놓으면 상황별 대처가 용이하다. 또한 담당 교역자가 바뀌어도 성도를 양육하는데 큰 영향을 받지 않는다.

새신자 정착
실천 가이드

1_ 새신자들이 어떤 특성을 가지고 있는지 파악하라. 어떤 유형을 가지고 있는지 알고 새신자에게 다가갈 때 그들의 필요를 채워 줄 수 있다.

2_ 새신자들을 정착시키기 위해서는 그들에게 다가가야 한다. 예배로, 교제로, 환영으로, 관심으로 그들에게 다가갈 때 그들도 우리에게 다가오는 것이다.

3_ 새신자를 위한 강의를 준비하고, 평신도 사역자를 양육하고, 사역을 분담하고, 새신자 모임을 알리라. 그리고 열심으로 새신자 모임을 준비하라.

4_ 새신자에게 다양한 방법으로 양육하라. 새신자에게 다가갈 수 있는 여러 가지 통로를 준비하라.

다른 교회에서 수평 이동을 해왔든,
전도를 받아서 교회에 처음으로 입문
했거나 상관없이 새로운 생활을 시작
한다는데 있어 그것은 매우 중요한 일입니
다. 한번 나무를 옮겨 심으면 뿌리를
대린다는데 3년이란 시간이 필요하듯
이 새신자가 교회에 정착하는데도 그
만큼 많은 시간이 소비 되어지는 일임
에 분명 합니다. 그래서 새신자
보다 많은 교회들이 매년 많은해
대기하는 수가 많지 않다는 것이지만 그
만큼의 대가가 있다는 것입니다.

선한목자교회는 바나바를 통해 모든 성도들을
예수님의 제자로 세워 나가는 훈련을 하고 있다.
바나바는 사도 바울을 교회에 정착시키고
교회의 일원으로 나아가 교회의 일꾼으로 양육시켰다.
선한목자교회에서는 **10주간의 새신자 양육을 마쳐야**
교회의 성도로 등록이 된다.
성도는 제자 훈련을 마친 후, 바나바가 되어
새신자를 양육한 후에야 교회의 중직을 맡을 수 있다.
새신자 양육이 **제자 훈련의 출발점이고 동시에 종착점**인 것이다.
새신자 양육과 중직자 교육을 한 번에 일구어 나가는
선한목자교회의 **새신자 정착의 비결**을 살펴보자.
| **변기수 목사** 선한목자교회 |

02

일대일 양육으로 승부하라

성과 및 현황

선한목자교회가 지금의 새신자 양육 시스템을 갖기 시작한 것은 6년 전부터이다. 유기성 담임 목사가 부임하면서 지금의 새신자 양육 시스템을 갖추기 시작했다.

6년 전 유기성 목사가 청빙 될 당시 교회 상황은 영적으로 어려운 상황이었다. 28년 전에 개척했던 전(前) 담임 목사가 갑자기 사임을 하면서 교회는 여러 가지 갈등을 겪었다. 뿐만 아니라 본당을 완공하지 못한 채 교회 건축이 중단된 상태였고, 교회는 상당한 건축 부채를 안고 있었다.

유 목사는 부임하면서 선한 목자이신 예수님께서 친히 교회를 이끄신다는 의미로 '선한목자교회'라는 이름으로 교회를 재창립하였다. 2003년 12월 재창립할 때 입교인은 500여 명이었고, 2008년 12월 당회의 입교인수는 2,724명이다. 5년 동안 현재의 양육 시스템을 통해 2,200여 명의 교인이 정착한 셈이다.

2008년 한 해 동안 청년(435명)을 제외한 성인 성도 새신자 신청 수는 729명이며 이 중 460명이 수료했다. 등록 신청 교인의 약 60% 정도가 양육 후 수료를 했고, 수료 후 정착률은 90% 정도이다. 청년부는 젊은이 교회로 독립 운영 중인데, 청년 교회도 숫적인 성장이 커서 미처 양육을 받지 못해서 대기하는 사람들이 많을 정도이다. 현재 주일 예배 출석 인원이 2,900명을 상회하는 것을 보면 선한목자교회의 교인 수에는 허수가 거의 없다는 의미로 해석할 수 있다.

새가족국 사역 및 조직

새가족국의 사역

선한목자교회의 새가족국은 섬기는 곳이다. 교회를 처음 나온 성도들이 접촉하는 첫 번째 기관이며, 교회 이름으로 섬김을 받는 곳이다. 새가족국은 이 모든 활동이 잘 진행되도록 지원하고 행사를 주관한다. 새가족국은 매주일 새신자 등록을 접수 받으며, 바나바 활동 상황 및 새신자 등록 상황을 파악한다. 또한 바나바 교육을 기획하고 지원한다. 바나바 축제를 통해 바나바들을 위로하고 격려하

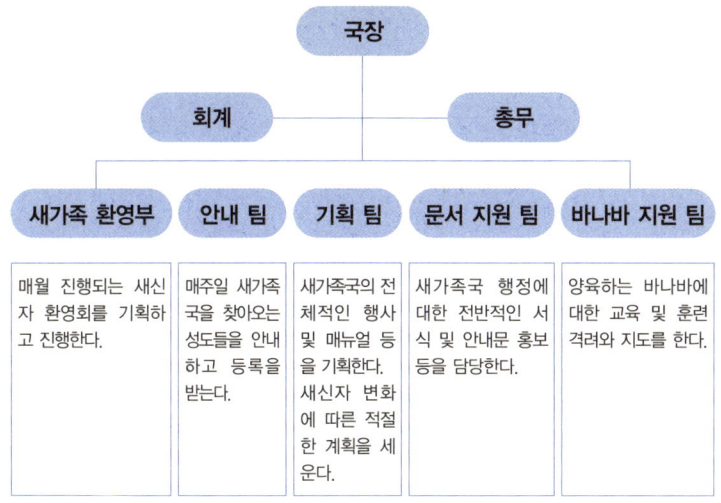

며, 다시 한 번 양육 사역의 중요성과 사명감을 깨닫게 한다.

양육 수료를 마치고 환영회에 참석하였던 새신자가 감동을 받아 그 다음 새신자 환영회 때 섬김이로 봉사하는 모습을 종종 볼 수 있다. 새신자가 기존의 교회 부서와 기관에 바로 들어가서 역할을 감당하기가 쉽지 않은데, 새신자의 마음을 제일 잘 이해하는 새신자가 새가족 환영부를 섬기는 것은 참으로 바람직한 일이다.

10주 양육의 과정이 길어 보이지만, 새신자가 한 사람의 분명한 그리스도인으로 서서, 교회의 한 가족으로 정착하여 섬기는 과정까지를 보면 짧으면서도 효율적이라고 할 수 있다.

선한목자교회 새가족국의 기도 제목은 더욱 복음의 진리 위에 분명하게 서서 십자가 복음을 전하며, 십자가 사랑으로 섬기는 것이다. 오직 주님만이 목적이요, 목표가 될 때 성장은 열매로 주실 것이기 때문이다.

> 수료를 위해 반드시 10주 양육에 대한 간증문을 써야 한다 이 간증문의 고백을 통해 분명한 구원의 확신과 하나님의 인도하심에 대한 믿음을 얻게 된다

새가족국의 조직

선한목자교회의 새가족국은 총 5개의 팀으로 구성된다. 새가족 환영부, 안내 팀, 기획 팀, 문서 지원 팀, 바나바 지원 팀이다. 각 팀별로 구체적인 사역 매뉴얼을 정하여 새신자가 잘 정착할 수 있도록 돕고 있다.(p.115 새가족국 조직도 참조)

새신자 10주 양육 과정

10주 양육 및 교재의 특징

선한목자교회는 새신자가 등록을 하면 일대일 바나바가 곧바로 연결된다. 양육 교재는 유기성 담임목사가 집필한 『당신은 행복하십니까?』란 책자로 10주간 진행된다. 바나바는 일주일에 한 번 새신자를 만나 이 교재를 가지고 1단원씩 양육한다. 책 내용은 '왜 예수를 믿어야 하는지'에 대한 구원의 진리와 함께 신앙의 기초적인 내용을 다룬다. 예수님을 영접하지 못한 사람은 양육을 받는 동안 예수님을 영접하도록 내용이 진행된다. 내용은 30분 동안 읽으면 충분히 소화할 수 있다.

교재 내용이 신앙의 기본적인 주제를 다루고 있기 때문에, 오랜 신앙생활을 했던 사람들 중에는 양육을 받는 일을 불쾌하게 생각하는 성도들도 있었다. 그런 이들에게는 양육 과정을 통해 자신이 양육자로 서는 훈련의 과정으로 삼으라고 이야기한다. 또한 가르침을 받는 시간이기보다는 교회 안에서 기도 제목을 나눌 수 있는 가족을 바나바와의 관계를 통해 처음 맺는 것임을 이야기해 준다.

대체로 양육에 대한 불평은 양육 과정에서 사라진다. 오히려 오랜 신앙생활을 하셨던 성도들이 자신의 믿음을 기초부터 점검하고 회개하는 시간을 가졌다는 간증을 듣게 된다.

새가족실의 모습

일대일 바나바 10주 활동

바나바는 매주 1회씩 새신자를 만나 교재를 중심으로 양육을 진행한다. 양육은 교재의 내용을 가르치는 것이 아니라, 내용을 함께 읽고 교재를 주제로 새신자의 신앙과 삶에 대한 나눔을 갖는다. 바나바는 양육 기간 동안 교회 생활을 안내하고 속회(전통 교회에서의 구역), 선교회 등을 소개하고 연결한다.

10주 양육이 끝나면 바나바는 새신자가 간증문을 쓰도록 돕는다. 세례를 받게 되는 성도를 위해서는 세례 간증문을 쓰도록 돕는다. 선한목자교회의 새신자 10주 양육 시스템의 중요한 특색 중의 하나는 수료를 위해 반드시 10주 양육에 대한 간증문을 써야 수료가 된다는 것이다.

이 간증문의 고백을 통해 분명한 구원의 확신과 하나님의 인도하심에 대한 믿음을 얻게 된다. 그뿐 아니라 예배에 참여한 성도들은 매주일 진행되는 세례와 양육 수료를 통해 복음의 능력과 성령님의 역사, 하나님의 살아계심을 함께 체험하고 고백하는 시간이 된다. 10주 양육 간증문이 새가족국에 접수되면 곧바로 주일예배 시간에 세례 및 양육 수료식이 진행된다. 세례 및 양육 수료식은 예배의 순서와 시간을 고려하여 10분 안에 진행되도록 준비한다.

새신자 환영회

세례 및 양육 수료를 마친 새신자는 새신자 환영회에 초대된다. 새신자 환영회는 보통 한 달에 한 번 열린다. 새신자가 정말 한 가

| 양육 수료 매뉴얼

1. 양육 수료 전 일	간증자와는 전날 반드시 구두로 통화하여 간증자가 30분 전에 예배당에 도착하여 연습할 수 있도록 한다.
2. 양육 수료 전	① 양육 수료 간증문 준비 체크 사항 ② 간증문 십자가(핀 확인)
3. 예배 시작 30분 전	양육 수료자는 예배 시간 30분 전에 미리 연습(3번)을 한다.
4. 간증	① 간증 순서가 되면(주기도송 아멘 부분) 강대상에 올라가는 계단에서 준비한 후 목사가 소개할 때 곧장 설교단 앞으로 이동하여 설교단에 선다. ② 담임 목사의 소개가 끝나면 설교단에 선다. ③ 설교단에서 인사를 하지 않고 마이크를 조절 한 후 간증문을 읽는다(만약 간증자가 여성일 경우 손수건이나 티슈를 준비 한다). ④ 간증을 마치면 회중을 향해 인사를 하고, 담임 목사와 인사를 한다(남자의 경우 포옹을 하고, 여자일 경우 악수한다). ⑤ 담임 목사와 인사를 한 후 강대상에 있는 십자가 중앙에 간증문을 부착한다. ⑥ 강단에서 내려온다.
5. 양육 축하	① 간증자가 내려오면 미리 줄을 선 양육 수료자는 교구별로 선다. 소개가 시작되면 예배 당 전면에 순서대로 한 줄로 나간다. ② 그때 담임 목사가 상단에서 수료자와 바나바를 소개한다. 그때 바나바들이 한 줄로 나와 자기의 양육자에게 십자가를 걸어 준다. ③ 미리 좌측 좌석에 앉아 있던 교역자, 속장, 지역장, 선교회장 및 교우들이 미리 줄을 서서 자기가 축하할 새신자에게 곧장 가서 줄 지어 꽃다발, 선물 등을 증정하며 축하한다.

> ④ 환영식이 모두 끝나면 줄 지어 좌측으로 퇴장한다(이
> 때 퇴장할 때 나가는 쪽 끝에 새신자 섬김이가 서서
> 섬김이의 지시에 의해 퇴장한다).
> ⑤ 예배가 끝난 후 새신자와 바나바는 사진을 찍는다.

족이 됨을 기뻐하고 축하하는 자리이므로 새신자가 축하와 환영의 분위기를 느낄 수 있도록 정성껏 준비한다. 온 성도들을 대표하여 바나바, 교구 담당 사역자, 담임 목사가 참석한다. 축하하고 환영하는 순서와 식사 및 선물이 준비된다.

새신자 양육 체계의 특징

10주 과정의 양육 후에 교인 등록

선한목자교회 새신자 양육 시스템의 특징은 기존의 양육 체계와 달리 10주간의 일대일 양육 후에 교인 등록을 받는다는 점이다. 교인이 되고자 하는 이들은 등록 신청 교인이 되어 10주간의 양육을 받은 후, 간증문을 준비하여 주일예배 때 자신의 간증을 함으로 정식으로 교인이 되는 과정을 밟게 된다.

이렇게 하는 이유는 첫째로 교회와 새신자가 하나님이 정말 이 교회로 인도하셨는지를 분별하기 위해서이다. 어떤 가정에서 새 식구를 맞아들일 때에는 준비 과정을 거쳐서 가족으로 받아들인다.

교회도 똑같다. 이름을 써냈다고 바로 가족이 되는 것은 아니다. 언제라도 자유로이 교회에 나와 예배드릴 수 있지만, 가족이 되는 것은 다른 문제이다. 이 과정을 부담으로 느껴서 등록을 미루는 이들도 있고, 교회의 벽이 높다고 불평하는 이도 있다. 그런 이들에게는 등록의 부담을 갖지 말고 자유로이 출석하라고 한다. 이런 과정을 둠으로써 이동 신자보다는 전도를 통한 새신자들이 많아지기를 바라는 점도 있다.

둘째로는 한 번 등록 카드를 내면 바로 교인으로 간주하는 구조에서는 등록만 하고 사라진 불명 신자들에게 목회의 에너지가 너무 많이 소진되기 때문이다. 목회의 대상을 분명히 할 필요가 있다는 것이다. 셋째는 교회에는 다니고 직분도 있지만 구원의 진리조차 분명하게 알지 못하는 교인들이 너무 많기 때문에 양육을 통해서 분명한 십자가 복음을 증거 하고, 들은 말씀이 믿음의 고백이 되는 분명한 그리스도인으로 바로 세우자는 것이다.

> 한 번 등록 카드를 내면 바로 교인으로 간주하는 구조에서는 등록만 하고 사라진 불명 신자들에게 목회의 에너지가 너무 많이 소진되기 때문에 목회의 대상을 분명히 할 필요가 있다

선한목자교회에서 처음 새신자 양육을 시작할 때 교역자들이나 성도들은 교회의 여러 가지 상황으로 볼 때 교회가 빨리 성장해야 하는데, 10주의 양육 과정이 너무 길다고 지적했다. 더욱이 2005년 본당을 완공하면서 이 문제는 가시적으로 노출되었다. 500명에서 2년 동안 1천여 명이 성

새가족국의 기도 모임

장한 것도 하나님이 역사하신 놀라운 성장이기는 하지만, 3,000석이나 되는 예배당에 1천 명 정도의 성도가 예배를 드리자 눈에 보이는 빈자리와 건축 부채는 교역자나 성도들에게 교회의 양적 성장이 제일 시급한 문제처럼 여겨지게 했다.

그러나 이 문제에 대해 유기성 담임 목사의 의지는 분명했다. 10주 양육을 하면서 교회도 새신자도 하나님의 분명한 인도함을 받자는 것이었다. 교회가 빨리 성장하는데 목적을 두지 말고, 십자가 복음에 대한 믿음의 고백이 분명한 성도들을 세우고, 그 고백 위에 교회를 세워 나가는 영적 분별력을 촉구했다.

| 새신자 환영회 큐시트

- 참여 인원(총 235명): 새신자: 95명, 바나바: 95, 교역자: 13명, 장로: 2명, 섬김이: 30명
- 총 소요 시간: 2시간 30분

시간	순서	담당자	순서 내용	음향	영상	조명
16:40~ 17:00 (20분)	새신자 영접	새신자 위원들	새신자 위원들 중 안내자 4명이 1층 로비에서 대기한 뒤 6층 글로리 홀로 안내한다. 교구별로 자리를 구분해 놓는다. 글로리 홀 입구, 홀에서 새신자 위원들과 교구 전도사들이 새신자와 바나바를 맞이하며 오시는 분에게 명찰을 달아드리고 교구 테이블 담당 안내 위원이 테이블로 새신자와 바나바를 안내한다.	BGM ON	새신자 사진 슬라이드쇼	전체 ON
17:00~ 17:15 (15분)	여는 찬양	박수만 집사	시간이 되면 인도자는 교제와(찬양 시작 멘트) 축복의 찬양(새신자들에게 익숙한 찬양)을 인도한다.	신디, 기타 ON 인도자 마이크 ON	찬양 가사	전체 ON
17:15~ 17:16 (1분)	오프닝 멘트	유기웅 국장	짧고도 적절한 환영 멘트를 준비한다.	사회자 마이크 ON	순서 담당자	전체 ON
17:16~ 17:18 (2분)	기도	임성칠 장로	국장의 환영 멘트 후 임성칠 장로가 단상에 올라 기도한다.	사회자 마이크 ON	순서 담당자	전체 ON
17:18~ 17:38 (20분)	새신자 소개	교구 목회자	각 교구 목회자가 미리 준비하되 가족별로 짧은 소개 멘트를 준비한다.	무선 마이크 2개 ON	순서 담당자	전체 ON
17:38~ 17:43 (5분)	축하송 l	이윤희 이다혜	새신자 소개가 끝나면 자연스럽게 앞으로 나가서 인사한 뒤 연주한다. 마이크대와 보면대는 교구 목회자들이 새신자 소개를 할 때 앞쪽에 세팅한다(테너 이윤희 성도, 소프라노 이다혜 성도).	스탠드 마이크 ON	순서 담당자	전체 ON
17:43~ 17:48 (5분)	동영상	동영상	축하 노래가 끝나면 바로 레인보우 동영상을 튼다.	강단 마이크 ON	순서 담당자	전체 OFF

시간	순서	담당	내용	마이크	음향	조명
17:48~17:53 (5분)	새신자 간증	김새나 성도	동영상이 끝나면 바로 등단하여 간증문을 읽은 후 내려와서 준비해 놓은 의자에 앉는다.	강단 마이크 ON	순서 담당자	전체 OFF 부분 조명
17:53~17:58 (5분)	사랑의 편지	박경진 집사	김새나 성도의 간증이 끝나면 바로 등단하여 사랑의 편지를 읽은 후, 편지를 김새나 성도에게 전하고 서로 인사하고 함께 자리로 돌아간다.	강단 마이크 ON	순서 담당자	전체 OFF 부분 조명
17:58~18:8 (10분)	환영 메시지 나눔	유기성 목사	담임 목사가 새신자를 향한 환영의 인사를 한다.	강단 마이크 ON	순서 담당자	전체 ON
18:8~18:23 (15분)	나눔	박수만 집사	박수만 집사와 유기웅 국장의 안내에 따라 바나바들은 가운데 테이블에 준비되어 있는 말씀 카드를 가지고 적혀 있는 이름의 새신자를 찾아가 권면의 말씀을 읽어 주거나 기도해 주고 나서 사랑의 선물을 증정한다. 박수만 집사는 이 나눔을 자연스럽게 이끌어가기 위해 찬양과 적절한 멘트를 진행한다(이때 말씀 카드를 오신 분을 정확하게 파악하여 말씀 카드를 교구별로 배치해 둔다. 혹시 체크를 하지 못한 새신자를 위하여 말씀 카드를 교구 전도사들에게 미리 전해 준다).	신디, 기타 ON 인도자 마이크 ON	찬양 가사	전체 ON
18:23~18:24 (1분)	축도	유기성 목사	담임 목사가 축복 기도를 한다.	강단 마이크 ON	순서 담당자	전체 ON
18:24~18:40 (16분)	축하II	새가족 국섬김이들	사회자가 나와서 섬김이들을 소개 후 축하 노래를 한다.	스탠드 마이크 ON	순서 담당자	전체 ON
18:40~18:41 (1분)	식사 기도	김상운 장로	사회자가 나와서 소개한 뒤 김상운 장로가 식사 기도를 한다.	사회자 마이크 ON BGM ON	순서 담당자	전체 ON
18:41~19:30 (49분)	식사 안내 및 식사	유기웅 국장	식사 기도나 끝나면 바로 음식이 세팅 되면서 오늘 메뉴에 대해 간단히 말한다(메뉴: 갈비탕).	사회자 마이크 ON BGM ON	순서 담당자	전체 ON

그것은 성장하는 것 같다가 무너져 내리는 교회가 되지 않도록 기초를 분명히 하기 위해서였다. 나아가 전 교인이 동일한 신앙고백을 가지고 민족과 열방 가운데 하나님 나라를 확장하는 사명에 불타는 건강한 선교 지향적인 공동체를 세워 나가고자 한 것이다.

선한목자교회는 전 교인의
바나바화를 지향한다
제자 훈련은 자신 스스로의
제자 훈련이 끝난 후
실제적인 양육을 하는 것,
즉 다른 사람을
제자로 삼는 일까지 하는 것이
제자 훈련인 것이다

한국 교회는 이미 지난 세기를 통해 교회 성장에 대한 실험을 하였다. 교회는 성장해야 하고, 확장되는 것이 당연하다. 그러나 건강하지 못한 교회의 성장은 오히려 선교에 해가 되며, 끊임없는 갈등과 분열의 공동체를 세우는 결과를 초래한다는 것이다.

10주 과정은 짧지 않은 기간이다. 위에서 언급한 바와 같이 바나바와 새신자 모두에게 쉽지 않은 시간이다. 선한목자교회는 이런 어려움을 대비하여 나름대로의 대처법을 사용하고 있다. 먼저 지역 담당 교역자는 바나바를 중점 관리하고 지원하며 새신자 팀에서는 바나바의 행정적인 부분을 지원한다. 바나바는 양육 기간 동안 새신자를 속회(구역)와 연결하는데 이때부터 속회장과 부속회장도 지원하기 시작한다. 바나바와 새신자가 2주 이상 연락이 안 되었을 때는, 교구 담당 목사나 전도사에게 연락을 취하고 중보 기도팀에 중보 기도를 요청한다. 또한 빠른 후속 조치로 목사나 전도사가 심방하여 문제점을 찾고 간혹 바나바를 교체하거나, 심방을 통해서 회복시킨다. 이렇게

새신자들의 양육 수료

새신자 양육이 끝나는 경우에는 90% 정도가 정착을 하게 된다. 교회에 등록하는 결단도 힘들지만, 등록하는 결단을 했다가도 양육을 받다가 그만두는 경우도 있다. 이때 무리해서 설득할 경우 역효과가 날 수 있어 그것은 하나님의 뜻으로 받아들이고 있다.

특별한 새신자 양육 수료 간증문

10주간 양육 기간을 마친 새신자는 간증문을 반드시 작성해야 수료를 받을 수 있다. 간증문에는 예수님이 자신의 개인적인 그리스도가 되심에 대한 믿음의 고백이 포함되어야 한다. 간증문을 통해서 이 사람이 분명한 믿음의 사람으로 섰는지 확인하게 된다. 세례를 받지 않은 교인은 간증문을 작성한 다음, 교역자와의 면담을 통해 세례 받을 믿음이 되었는지를 확인 받고 양육 수료를 하는 주일에 세례를 받게 된다. 기존의 신자들도 간증문을 작성함으로써 자신의 믿음을 점검하게 된다.

양육 과정을 마쳤더라도 간증문을 쓰지 않은 경우에는 등록이 보류된다. 드물긴 하지만, 이런 경우에는 대개 구원의 확신이 없는 경우이므로 교역자들이 구원 받는 믿음으로 설 수 있도록 돕는다. 매 주일예배 때마다 양육 수료 간증을 통해 교우들은 우리와 한 가족이 되는 사람이 어떤 사람인지를 알게 되며 간증자의 신앙고백을 통해 자기 자신의 믿음을 다시금 점검해 보게 된다.

새신자 양육 과정은 제자 훈련의 출발

일대일 양육을 담당하는 바나바는 제자 훈련 과정을 마친 사람들로 세운다. 바나바 교육은 제자 훈련을 마친 성도를 대상으로 1년에 2회 진행된다. 제자 훈련 수료식이 끝나면 곧바로 바나바 교육이 열리게 된다. 제자 훈련의 성패는 수업 시간이 아니라, 배운 말씀대로 영혼을 사랑하고 말씀으로 양육하여 제자로 세우느냐 여부에 달려 있다. 그러므로 10주 일대일 바나바 양육 과정과 제자 훈련 과정은 서로 연계되어 있다.

10주 일대일 바나바 양육 과정을 거친 후 제자 훈련을 받은 성도가 바나바가 되어 새신자를 양육을 하고, 양육을 마친 성도는 제자

바나바 축제

훈련 과정에 들어가서 훈련을 받은 후 바나바가 된다. 전하는 자와 받는 자가 말씀으로 함께 세워지는 과정을 통해 교회는 늘 새로워지고 성도들은 자연스럽게 영혼에 대한 관심을 갖게 된다.

전 교인의 바나바화

현재 바나바의 수는 약 800명이다. 그리고 현재 바나바 활동을 하고 있는 인원은 약 500명 정도이다. 선한목자교회는 전 교인의 바나바화를 지향한다. 제자 훈련은 자신 스스로의 제자 훈련이 끝난 후 실제적인 양육을 하는 것, 즉 다른 사람을 제자로 삼는 일까지 하는 것이다. 그래서 교회의 리더로 서거나, 중직자의 직분을 맡으려면 반드시 양육을 해본 사람, 즉 바나바를 경험한 사람만이 맡을 수 있다.

세례 받는 새신자의 모습

새신자 정착
실천 가이드

1. 바나바는 10주간의 양육 내용을 완전하게 자신의 생각과 삶에 표현해야 한다. 그리고 새신자를 양육해야 한다.

2. 모든 성도가 바나바가 되게 하라. 제자 훈련의 마지막은 다른 이를 제자 삼아 양육하는 것이다. 양육을 통해서 모든 성도가 제자가 되고 제자를 삼을 수 있다.

3. 새신자 양육의 마지막은 구원의 간증이다. 새신자가 구원의 간증을 할 수 있도록 복음을 전하고 양육하고 기도하라.

교회에 발을 들이는 많은 그리스도인들은
체계적인 믿음을 세움으로써 건강하게 신앙생활 하길 원한다.
이에 제자교회는 행복한 신앙생활에 더하여
관심과 사랑을 기대하는 새신자들에게
균형잡힌 양육으로 높은 정착률을 기록하고 있다.
지난 20여 년간 정삼지 목사를 통해 닦여지고 검증되어 온
제자교회 DNA는 뒷문을 걸어 잠그는 목회 시스템으로 유명하다.
이제 21주년을 향해 가고 있는 제자교회의
새신자 정착 · 양육 프로그램을 통해
효과적인 새신자의 정착 양육을 살펴보자.

| 김동연 목사   제자교회 DNA 담당 |

03

단계별 정착 양육 시스템을 구축하라

새신자 정착 현황

제자교회는 새신자가 교회에 정착했다고 하는 기준을 약 1년간 교회에 출석하는 것으로 하고 있다. 바나바 사역과 동시에 새신자를 맡은 목장과 교구 담당 목회자는 48시간 내 즉시 심방하고 매 분기 당(3달) 재심방하도록 되어있다. 재심방을 통해 어떤 마음으로 교회를 출석하고 있는지, 어떠한 빈도로 출석하고 있는지 파악하고 있다. 그렇게 1년을 목장과 교구 담당 목회자가 심방을 하면서 정기적으로 주일예배에 출석하는 것을 확인함으로써 정착 유무를 파악한다. 2008년 상반기 제자교회 새신자 등록 현황은 총 등록자 500명

| 2008년 상반기 새신자 등록 현황(장년)

구분	인원	비율
총 등록자	500 명	100%
정착	493 명	98.6%
미정착	7 명	1.4%

※ 이 항목에서의 정착 기준은 정기적으로 주일예배에 출석하는 것

중 정착 493명(98.6%), 미정착 7명(1.4%)으로 높은 수치를 기록하고 있다. 여기서 총 등록자 500명은 등록한 숫자이다. '새 생명 축제' 등의 행사 시 '참석'한 인원의 수가 아니라 '등록'한 인원의 수를 말한다.

다이아몬드 제자 양육 프로그램

제자교회는 다이아몬드 형태의 제자 양육 프로그램을 가지고 있다. 새신자는 '정착 양육-훈련-파송-전도'라는 꼭지점을 바탕으로 바나바 사역(3주), 새신자 환영회(1주), 확신반(4주) 정착 과정과 성장반(15주) 양육 과정을 거쳐야 한다. 성장반 중에는 내적 치유 수양회를 반드시 거치게 하여 내면 깊숙이 자리잡은 마음의 상처와 아픔을 치유받도록 돕는다. 성장반 이후는 훈련 과정으로 제자반과 사역자반이 있는데 순종과 자기 부인을 통해 하나님의 나라를 위해 헌신할 진정한 그리스도의 군사를 만들어 간다. 특별히 제자반 과

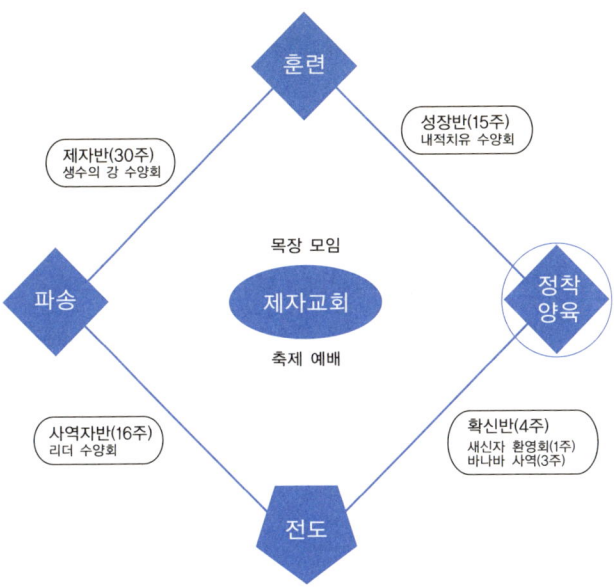

정은 타협도 없고 배려도 없다. '하나님의 일을 먼저하고 당신의 일을 할 수 있겠는가?'라는 내적 질문에 대답을 할 수 있는 사람만이 성실히 마칠 수 있다. 하늘나라를 미리 경험케 하는 생수의 강 수양회(3박 4일)를 필수 과정으로 하는 제자반이 끝나면 목장에 목자로 파송된다. 마지막은 리더 수양회를 포함한 사역자반(16주)으로 사가 발전소의 개념으로 볼 수 있다.

새신자 정착 양육 프로그램은 이러한 다이아몬드 제자 양육 프로그램의 일부이다. 새로이 제자교회에 부임한 목사나 전도사의 경우에도 확신반부터 전체 제자 양육 프로그램을 경험해야한다.

새신자 정착 양육 프로그램

바나바 사역

바나바는 사도행전에 등장하는 예루살렘 교회의 한 성도인데, 바나바의 사역을 통해서 바울이라는 새신자가 교회의 일원이 되고, 교회의 위대한 일꾼으로 자라날 수 있었다. 바나바 사역이란 이러한 바나바의 삶과 신앙을 본받아 교회에 들어오는 새신자들을 효과적으로 정착시키기 위한 사역의 한 방법을 말한다.

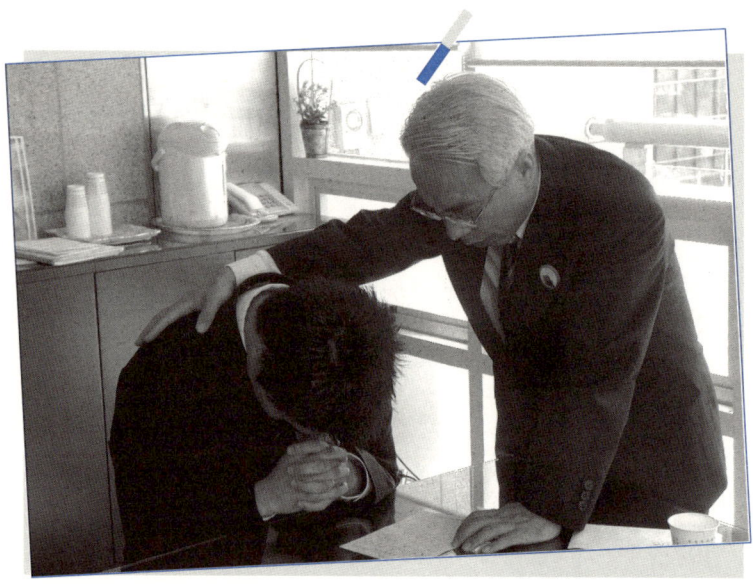

등록한 새신자를 위해 기도하는 모습

새신자 주일 등록의 실제

1. 환영실 준비
환영실 안에는 등록 카드와 필기구를 책상 위에 준비하고 새신자를 기다린다. 새신자가 환영실에 들어오면 안쪽 앞자리부터 앉도록 안내한다.

2. 바나바 대기
예배 축도 직후에 바나바들은 성도들보다 앞서 환영실 앞으로 와서 조용히 기도하면서 대기한다.

3. 환영 팀 대기
환영실에는 좌석 안내, 등록 카드 기록 보조, 음료 대접, 이름표 작성 등의 업무를 담당한 팀원들을 3~5명 배치한다.

4. 새신자 입장
새신자가 등록하기 위해 환영실로 입장한다. 외부 안내 담당자는 등록을 주저하는 새신자가 있는지 잘 살펴서 등록을 권유하며, 새신자가 환영실로 들어오는데 불편하지 않도록 입구 주변의 소통 상황을 잘 정리한다.

5. 등록 카드 기록 안내
새신자가 안내를 받아 자리를 잡으면, 음료 담당자가 준비한 찬(혹은 따뜻한) 음료를 대접하고, 등록 카드 안내 담당자가 카드 견본과 함께 등록 카드를 전하면서 자세한 기록 방법을 안내한다.

6. 이름표 기재
새신자가 작성하는 등록 카드를 곁에서 보면서 이름표를 작성하여 새신자 앞에 세운다. 이름표는 담임 목사가 대화하면서 볼 수 있고, 문밖에 대기 중인 바나바들이 자기 담당자를 확인하며, 새신자 기록을 위한 사진 촬영 후 이름과 얼굴의 대조를 위해 필요하다.

7. 등록 카드 수거
새신자가 등록 카드를 다 작성하면 환영 팀원은 등록 카드의 마지막 장(바나바용)을 떼어낸 후 담임 목사의 자리에 모아둔다. 예배 후 성도들을 환송한 담임 목사가 이 시간을 전후하여 환영실에 들어와 중앙 자리에 앉는다.

8. 담임 목사 면담
담임 목사는 다른 새신자들이 카드를 기록하는 동안 먼저 기록한 새신자들과 간단히 담소한다. 주일 등록자를 연명으로 기록하는 사역 현황표에 새신자의 이름, 등록 방법, 연령대를 표시하여 문밖에 대기 중인 바나바 선정 담당자에게 건넨다.

9. 담임 목사 기도
담임 목사는 등록 카드를 보며 각 사람의 이름을 일일이 부르며 축복 기도해준다. 이때 새신자 환영 팀은 새신자들에게 나누어 줄 선물(요람, 기념품 등)을 준비한다.

10. 바나바 선정
담임 목사가 기도하는 시간에, 바나바 선정 사역자는 '주일 사역 현황판'에 기록되어 넘겨진 새신자 명단을 보고 대기 중인 바나바 가운데 적절한 바나바를 정하고 그 이름을 새신자 이름 옆에 기록하여 환영실 안에 있는 담당 목사에게 전달한다.

11. 사진 촬영
담임 목사와 함께 새신자의 사진을 찍는다. 이때 이름표가 선명하게 나와서 얼굴과 이름을 알아볼 수 있도록 한다. 셀 교회 사역자는 홈페이지에 게시된 새신자 얼굴을 익힌 후 주 중에 등록 심방한다. 담당자가 교회 파일 서버에 새신자 사진을 등록하면 전산실에서 홈페이지에 해당 주간 새신자로 등록한다.

12. 담당 목사의 바나바 안내
담당 목사가 다시 한 번 새신자를 환영하고, 그들의 신앙생활을 안내할 교회 시스템을 간략히 소개한다. 이후 '바나바'에 대한 간략한 설명과 더불어 대기 중인 바나바를 소개한다.

13. 바나바 연결
담임 목사의 기도 중 문 밖에서 선정된 바나바가 담당 목사의 안내 직후에 새신자들과 만나 사역에 들어간다.

제자교회는 성장반을 수료하면서 성장반에서 추천된 사람으로 인격, 주일 성수, 십일조 등 기본적인 신앙에 적합한 성도들을 중심으로 바나바 학교에서 교육한 후 바나바로 사역할 수 있게 한다.

제자교회의 바나바 사역은 초신자와 기존 신자의 경우로 나누어져 새신자 각각의 실정에 맞게 3주 동안 진행된다. 새신자는 교회에 등록하자마자 적절한 바나바(부부, 기혼, 미혼, 남성, 여성, 연령 등 고려)와 연결된다. 바나바는 새신자에게 바나바 교재에 근거하여 성경 공부를 하면서 식사나 차를 대접하며 교제와 대화의 시간을 가진다.

그런데 바나바가 새신자와 성경 공부를 하다가 혹 상대가 싫증을 내거나 반응이 부적절하면 곧바로 가벼운 소재의 이야기로 돌려 교회를 소개하거나 교회 내부를 함께 돌아보는 시간을 가진다. 바나바 사역을 이렇게 친근함과 유연함으로 운영하는 것은 정착이 주 목적이기 때문이다.

1) 바나바 사역의 필수 실천 사항 점검

① 상호 인사, 친교, 교우를 소개한다.

② 교재에 근거하여 교회 역사, 목회자의 목회 철학, 방침, 비전, 훈련 프로그램, 사역 등을 소개한다.

③ 필요한 경우 교재에 근거하여 복음을 제시한다.

④ 교회 시설물 이용 안내 및 교회 차량 이용을 안내한다.

⑤ 새신자의 자녀들을 위한 주일학교 프로그램을 안내한다.

⑥ 교회에 대하여 느낀 점, 애로 사항을 파악하고 보고한다.

⑦ 희망 사역, 목장을 소개하고 연결한다.
⑧ 확신반, 새신자 환영회를 필수적으로 참여할 수 있도록 유도한다.
⑨ 새신자가 세례를 받을 경우 세례 안내 및 축하 선물을 준비한다.
⑩ 기존 신자일 경우 이전 교회의 사역을 파악한다.
⑪ 새신자의 은사와 달란트를 파악하여 사역 팀 연결을 유도한다.
⑫ 바나바 사역 보고서를 제출하도록 한다.

2) 주간 사역 내용(첫째 주간~셋째 주간)
① 매일 새신자를 위해 기도하며, 일주일에 한 번 이상 안부 전화를 한다.

새신자 환영회의 모습

② 전화를 할 때에는 통화가 가능한 형편인지를 먼저 묻는다.
③ 다음 주일의 예배 참석을 위해 만나서 같이 올 경우 약속 시간을 정한다.
④ 3주 동안 바나바가 아닌 다른 성도들(인도자, 목자, 기타 성도)로 하여금 한 주에 한 번 새신자를 방문하여 환영의 의미로 간단한 아이들 용품이나 음식 등을 선물하도록 한다.
⑤ 바나바 한 사람이 한 명의 새신자에 대해 세 번의 주일을 담당하게 된다. 매주일마다 기본적으로 3명 이상의 사람들을 만나고 인사를 나누도록 인도해 주어야 한다.
⑥ 주일 식사 시간에 바나바는 반드시 새신자와 함께해야 한다.
⑦ 식사 시간에는 지난 주일에 인사했던 사람과 새로운 사람 한두 명과 함께 식사하는 것이 좋다.
⑧ 바나바는 새신자에 대하여 사랑과 관심과 친절을 최대한 보여 주어야 하며 교회에 왔을 때부터 갈 때까지의 모든 안내를 책임진다.
⑨ 바나바는 3주 동안 새신자를 위해 집중적, 지속적으로 기도한다.
⑩ 3주간의 사역 내용을 정리한 보고서를 제출한다.

새신자 환영회

새신자가 3주 바나바 사역을 마치면 새신자 환영회에 참여하게 된다. 새신자 환영회에서는 제자교회의 비전과 담임 목사의 목회 철학을 공유할 수 있다. 특별히 '교회란 무엇인가?' 교회의 진정한 의미와 사명을 자세히 설명하여 제자교회 성도로서 앞으로 무엇을 감당하고 함께 고민해야 하는지에 대해 일깨운다. 이를 통하여 성도의 의미, 역할과 자세를 습득하고 제자교회 교인으로서의 새 출발을 서약하게 된다.

확신반

제자교회 정삼지 담임 목사의 사모인 노현숙 사모가 담당하는 확신반은 신앙의 가장 기본에 해당하는 구원에 대한 강의이며, 4주 과정으로 진행된다. 새신자에게 등록 2주 전에 안내 편지를 발송하고, 새신자 환영회 수료 시 등록케 한다. 시간은 주일예배 시간 전후나, 평일 오전(오전 10시나 12시) 중 선택할 수 있다. 확신반 마지막 시간에는 그 자리에서 구원 간증문을 작성하게 한다. 구원 간증문은 교역자들이 확인하고, 믿음의 고백이 확실한 경우에는 확신반이 끝나고 세례를 받을 수 있도록 한다.

> 바나바 사역이란 이러한 바나바의 삶과 신앙을 본받아 교회에 들어오는 새신자들을 효과적으로 정착시키기 위한 사역의 한 방법을 말한다

1) 확신반 내용과 목적

① 1과 - 다리의 예화

명확하고 전체적인 복음을 제시하여 하나님의 자녀로서의 정체성을 온전히 회복시키고 주님을 영접하지 못한 자를 영접시킨다. 신앙의 출발이 복음으로 시작되게 한다.

② 2과 - 구원의 확신

확신반 운영 지침

1. 등록 – 등록 2주 전에 대상자에게 편지 발송, 사무실 접수, 등록금 책정
2. 시간 – 주일예배 시간 전후나, 평일 오전(오전 10시~11시 30분)으로 택하라.
3. 장소 – 교회 내에서 가장 좋은 장소를 제공하라.
4. 총무 – 훈련된 총무를 선정하여 섬기게 하라.
5. 소그룹 운영 – 한 영혼을 귀하게 여기라. 마주 보며 앉혀라.
6. 대그룹 운영 – 반드시 영접을 확인하라. 사람을 놓치지 말라.
7. 구원 간증문 작성 – 3주째 작성하라. 그 자리에서 작성케 하라.
8. 확신과 기도 – 복음의 능력을 확신하고 한 영혼 위해 기도하며 매 과를 진행하라.
9. 매 과의 연계성 – 매주 간략히 복음을 반복하라. 한 흐름으로 맥을 잡아 주라!
10. 수료식 – 주일 저녁 예배에 수료(자체 수료 가능)
11. 문화화 – 확신반 사역이 교회 안에 자연스럽게 문화화 되게 하라.

확신반 준비 사항

1. 안내 편지 – 확신반 등록 2주 전에 발송한다.
2. 등록 – 새신자 환영회 수료시 등록케 한다.
3. 교재, 명찰, 출석부, 화이트 보드 – 총무가 준비한다.
4. 매주 간식 – 총무를 통해 준비케 한다.
5. 수료식 – 수료증, 격려
6. 세례식 – 축제, 간증문 낭독

하나님의 자녀로서 구원받은 것을 어떻게 확신할 수 있는지 분명히 가르침으로써 신앙의 기초를 든든히 세운다.

③ 3과 - 새 생명

예수님을 영접하여 거듭난 새 생명이 어떠한가를 중생 전의 상태와 비교하여 깨닫게 함으로써 새로운 자화상을 갖게 한다. 구원의 간증을 글로 작성하여 고백하게 한다.

④ 4과 - 성경

하나님의 자녀가 영의 양식을 먹어야 함을 가르치고, 성경의 개관을 가르침으로 말씀의 중요성을 깨닫고 사모하게 한다.

⑤ 5과 - 기도

말씀과 더불어 교제의 방편으로서의 영의 호흡인 기도의 중요성을 가르치고 기도하는 자로 자라게 한다.

2) 성장반(양육)

성장반은 제자교회 정착 양육을 위한 마지막 단계로 제자 훈련에 들어가기 전 양육의 마지막 과정이다. 남녀노소, 직업, 신앙 연수 등을 전혀 고려하지 않은 가장 정제되지 않은 공동체인 성장반의 시작은 매우 특별하다. 전혀 어울릴 것 같지 않은 사람들이 모여 가장 아름답고 탁월한 공동체를 만들어 간다. 성장반은 구원의 견고함과 구원의 진정한 누림을 선언함으로 신앙의 자유를 경험하게 하는 데서 시작된다. 복음에 대한 이유를 정확하게 이해하여 교회 공동체 일원으로써의 확고한 소속감을 갖도록 하는 것이다.

15주의 커리큘럼으로 진행되는 성장반은 교역자 1인에 10~12명

제자교회 교인 서약서

본인은 예수님을 구세주로 영접했고 본 교회의 목회 철학과 비전 및 구조에 동의하였음으로 성령의 인도하심을 따라 본 교회의 교인이 되고자 합니다. 교인이 됨으로써 본인은 하나님과 모든 성도들 앞에서 다음 사항들을 지키기로 서약 합니다.

1. 본인은 본 교회의 하나됨을 고수하겠습니다.
   - 다른 성도들을 사랑으로 대함으로써   (   )
   - 험담에 참여하지 않음으로써   (   )
   - 지도자를 따름으로써   (   )
2. 본인은 본 교회의 책임을 감당하겠습니다.
   - 교회의 성장을 위해 기도함으로써   (   )
   - 불신자들이 교회에 출석하도록 초청함으로써   (   )
   - 방문하는 사람들을 친절하게 환영함으로써   (   )
3. 본인은 본 교회의 사역을 담당하겠습니다.
   - 영적 은사와 재능을 발견함으로써   (   )
   - 목사님의 훈련을 받아 섬길 수 있도록 준비함으로써   (   )
   - 종의 심정을 개발함으로써   (   )
4. 본인은 본 교회의 증인 역할을 감당하겠습니다.
   - 충성스럽게 출석함으로써   (   )
   - 경건한 생활을 함으로써   (   )
   - 정기적으로 헌금함으로써   (   )

            년   월   일 (기)

이름 :   전화 :
주소 :

의 반원으로 구성된다. 성령의 임재하심을 기초로 구원의 확신, 긍정적인 자아상 확립, 올바른 교회관 정립, 사역을 통한 나눔과 섬김의 실현, 이상 4가지를 목표로 삼는다. 하나님과의 관계, 교회와의 관계, 이웃과의 관계를 정확하게 인식함으로써 복음의 능력이 교회를 통해 삶 속에서 온전하게 드러날 수 있도록 양육한다.

성장반 과정 중에 있는 내적 치유 수양회(1박 2일)를 통해서는 성령님의 함께하심을 직접적으로 경험한다. 인격적으로 손상된 부분이 성령의 능력으로 회복되어, 한 인간으로서, 한 가정의 일원으로서, 진정한 정체성과 자존감을 회복하게 한다. 이를 통하여 진정한 복음의 누림과 헌신적 사역을 일궈 낼 수 있는 가장 기본적인 기초를 형성한다.

성장반은 단순히 제자교회에 정착하게 만드는 과정을 넘어, 신앙인으로서 가장 기본적인 믿음의 기초에 정착하게 한다. 이렇게 성장반을 마친 성도들은 율법적인 자아을 내려놓고, 복음의 기쁨과 감격을 영적 자산으로 삼아 능동적이고 역동적인 주님의 제자로 준비되는 것이다. 성장반 마지막 시간에는 DISC(Dominance, Influence, Steadiness, Conscientiousness)검사와 자신의 영적 은사를 점검하여 향후 자신들이 나아갈 사역을 확인하도록 돕는다.

> 성장반을 마친 성도들은 율법적인 자아을 내려놓고 복음의 기쁨과 감격을 영적 자산으로 삼아 능동적이고 역동적인 주님의 제자로 준비되는 것이다

구원에 대해 간증하는 새신자

제자교회에 새신자가 정착하는 특별한 요인

그럼에도 불구하고 복음이다

새신자가 교회에 정착하는 데에는 담임 목사의 설교가 가장 중요하다. 그렇지만 더욱 중요한 것은 설교에 담겨진 강력한 복음의 능력이다. 살아있는 복음이 바로 새신자를 교회에 정착하게 하는 가장 중요한 동인이다.

제자교회는 정삼지 담임 목사의 강력한 복음적 메시지와 확신반 양육을 통해 구원의 확신과 감격을 경험하게 한다. 보통은 교회 출석 6개월 후 학습을 받고 다시 6개월이 지난 뒤에 세례를 받게 되는데, 제자교회에는 확신반 4주 과정이 끝난 후 쓰게 되는 구원 간증문의 신앙고백을 통해 그가 하는 믿음의 고백이 적실하면 초신자라도 세례를 준다.

특별한 세례식

세례는 한 번에 20명을 넘지 못한다. 왜냐하면 한 사람 한 사람 특별한 절차를 거쳐야 하기 때문이다. 세례를 받기 전, 각 사람은 자신이 직접 쓴 구원 간증문을 들고, 온 회중 앞에서 낭독하게 된다. 예수님을 믿기 전의 자신, 예수님을 만난 후의 삶, 자신을 인도하신 복음의 능력과 확신, 그리고 그 은혜를 고백한다. 그렇게 시간이 흘러가면 읽는 사람도, 듣는 사람도 모두 감동의 눈물바다 속에 잠기게 된다.

구원 간증문을 읽고 나면 세례 받는 성도는 무릎을 꿇는다. 그러면 세례를 받으려는 성도의 친척, 친구, 인도자, 바나바, 만약 목장과 연결이 되었다면 목장의 목원들 등이 모두 나와 뒤에 서게 된다. 세례의 증인이 됨과 동시에 축복의 의미로 함께하는 것이다. 이때 교역자들은 즉석 카메라로 증인들과 함께하는 세례 받는 모습을 찍어 세례 증서에 첨부한다. 그 후에는 이제 막 세례받은 성도들을 위해 은혜로운 성찬 예식이 진행된다.

끝나고 나면 많은 사람들이 특히 증인으로 선 사람들이 안아 주

새신자들이 담임 목사로부터 세례받는 모습

고 선물을 하고 기도해 준다. 이렇게 온 교회가 세례 받은 성도들을 위해 축복의 노래를 부르며 축하하고 축복하는 축제의 예배가 한 달에 한 번, 주일 저녁이나 수요일 저녁 예배 시 큰 은혜 가운데 드려진다.

빈틈없는 새신자 정착 양육 시스템(DNA)

제자교회는 처음 찾아오는 새신자들을 제자 공동체의 가장 귀한 가족 중 한 사람으로 섬기는 일에 적극적이다(바나바 사역). 한 교회의 성도로서 하나님께서 주신 비전을 함께 공유할 뿐 아니라 그 비전과 사명을 위해 헌신할 수 있는 강력한 동기부여를 잊지 않는다(새신자 환영회).

　나아가 새신자를 향한 첫 걸음을 단순히 다음 주에도 본 교회에 출석하도록 하는 것에 두지 아니하고, 성도 개개인의 영적 축복과 구원의 확신에 두기에, 그가 훗날 제자교회를 떠난다 할지라도 어디서든 성도의 한 사람으로 바르게 살 수 있는 기초를 제공한다(확신반). 구원의 확신을 가진 자에게 지체없이 하나님의 백성으로서의 권리(세례식)를 누리도록 허락하며, 그가 교회에서만 하나님의 능력을 경험하는 자가 아니라 삶 속에서 복음의 능력을 경험할 수 있도록 교회가 최선을 다해 양육한다(성장반).

　제자교회의 새신자 정착 양육 시스템은 성도 한 사람 한 사람을 영적 감동과 기쁨으로 인도하며 세상을 이기는 능력의 사람으로 살게 한다.

새신자 정착
실천 가이드

1_ 체계적인 제자 훈련을 마련하라. 새신자 양육은 평신도 지도자 훈련에 이르는 출발점이 된다.

2_ 새신자를 대하는 자세를 배우라. 관심과 친절을 실천하라.

3_ 새신자 사역의 단계를 나누어 사역하라. 제자교회는 바나바 사역 때는 환영과 마음 열기, 새신자 환영회 때는 교회의 소속감, 확신반에서는 구원에 이르는 복음, 성장반에서는 삶으로 전해지는 복음을 전달한다.

새신자를 정착시키고 양육하는 것만큼 중요한 사안이 있다면
새신자를 정착시키고 양육하는 양육 위원(양육자)이다.
사명감이 투철한 양육 위원의
헌신과 역할은 그대로 새신자에게 전달된다.
훈련된 전문 양육 위원을 통해서 새신자를 정착시키는
장석교회는 **어떻게 양육 위원을 양육**하고 있는가?
양육 위원 제도를 중심으로 장석교회의
새신자 정착에 대한 노하우를 알아보자.

| **조석기 목사** 장석교회 새가족부 담당 |

04

양육 위원들을 전문화하라

새신자 정착의 현황

장석교회는 '양육 위원의 전문화'를 통한 양육이라고 할 수 있다. 양육 위원들은 새신자를 대상으로 기본적인 신앙을 교육하고 훈련하는, 교회가 위임하여 세운 사역자이다.

장석교회는 2008년에 새신자가 582명이 등록하였다. 그중 새신자 양육을 통해 정착한 인원은 372명으로 전체의 약 64%이다. 정착이 되지 않은 210명을 후속 관리를 통해 7명을 양육하였고 또 14명을 계속 돌보고 있는 중이다. 그래서 약 65%가 양육을 통하여 정착이 되었다는 결론을 얻을 수 있다.

새신자 안내, 접견, 양육의 실제

새신자 안내

① 안내 팀의 구성 인원은 총 17명으로 구성(3개 조로 편성 운영) 3개 조를 1부 예배에서 3부 예배까지 지하 1층과 본당에 각각 아래와 같이 편성 배치하여 봉사한다.
② 교회 시설과 모임 장소를 숙지한다.
③ 예배 시간 40분 전 안내 위치에 도착하여 안내 준비를 완료한다.
④ 명랑한 표정과 기쁨으로 새신자를 환영한다.
⑤ 잡담을 금하고 새신자를 정성껏 친절히 안내한다.
⑥ 새신자를 신속히 알아보고 이름을 파악하고 인사한다.
⑦ 질문에는 언제나 친절히 답변한다.
⑧ 새신자가 오면 필히 새신자 등록 카드를 작성 후 안내한다.
⑨ 외국인 새신자는 본당 입구에서 외국인 안내 위원에게 별도로 안내한다.
⑩ 예배 후 '새신자 접견' 모임에 대해 안내한다.

| 안내팀의 구성 인원

장소 \ 예배	1부	2부	3부	비고
지하 1층	2명	3명	3명	
본당	2명	4명	3명	총 17명

카드 작성 시 주의 사항

1. 이름(성명)은 정확히 기재한다.
2. 성별과 전화번호, 주소를 기재한다.
3. 등록하는 사람들은 필히 생년월일을 기재한다.
4. 인도자 이름, 직분, 구역, 전화번호를 반드시 적는다.
5. 예배 시 새신자를 소개할 때 자원하신 분을 확인하여 새신자부실로 인도하며, 명단에는 있으나 예배에는 참석하지 않는 사람은 등록에서 제외시킨다.

⑪ 예배 시작 후 10분 후까지 계속 안내 봉사한다.
⑫ 안내가 끝나면 지하 1층과 본당의 새신자 등록 카드를 종합하여 새가족부실에서 명찰과 기타 필요한 사항을 기재한 후에 접견팀 차장에게 인계한다.
⑬ 날마다 Q. T. 한다.

새신자 접견

접견 팀은 안내 팀과 양육 팀을 연결해 주는 다리 역할을 하는 부서다. 다시 말해서 안내 팀으로부터 새신자의 등록 카드를 받아 교회에 대한 간단한 소개와 함께 새신자가 본 교회까지 오게 된 사연들을 나누고 하나님에 대한 마음을 열게 한 후, 양육 팀에 넘겨주는 역할을 한다. 이와 같은 역할을 하는 접견 팀이 보다 구체적으로 어떠한 과정을 통해 새신자들을 섬겨야 하고, 어떤 점에 보다 집중하고 주의를 기울여야 할지 살펴보도록 하자.

　가장 중요한 것은 접견 위원들이 영성과 충만한 은혜 없이는 이 모든 일을 능히 감당할 수 없다는 것을 깨닫는 것이다. 그러므로 안내 위원들과 접견 위원들의 보다 철저한 신앙 훈련을 위해 안내 위원, 접견 위원 학교를 실시하고 있다. 자신이 먼저 예수님의 사랑을

 Tip

접견 팀의 역할

1. 현재 접견 팀의 인원은 약 40명이며 1부 예배, 2부 예배, 3부 예배, 찬양 예배, 수요 예배로 나누어 새신자를 접견하다. 접견을 한 사람만이 교회에 새신자로 등록된다.
2. 담임 목사가 새신자를 소개한 후, 온 성도들이 찬양으로 축복하며 환영한다. 축도 후 성도들이 기도할 때 접견 위원들은 대기한다. 대기 중에는 새신자들의 명찰을 미리 만들어 놓고, 자리를 배치해 놓는다.
3. 예배를 드린 새신자가 새신자부실로 들어올 때 그들에게 명찰을 달아 주고 친절히 자리로 안내한다.
4. 담당 교역자의 인사 말씀을 듣고 담임 목사의 말씀을 비디오로 시청한다. 접견 위원들이 새신자의 등록 카드를 인계받아 접견 카드에 기록하

면, 새신자들과 일대일 접견이 시작된다.
5. 여기서 조심해야 할 것은 모든 새신자들이 처음 교회에 나온 것이 아니라는 점이다. 또 사람에 따라 성격이 다르므로 조심스럽고 친절하게 대해야 한다. 접견 위원들은 주로 그들의 말을 들어주며 마음 문을 열게 한다. 짧은 시간에 고향과 같은 편안함을 주고 세상과 다른 하나님의 사랑을 발견하도록 돕는다. 때로는 세상에서 억눌리고 실패했던 사람들이 마음을 열고 눈물을 글썽이며 편안히 주님 안에 있음을 고백하는 사람들도 있다.
6. 접견 위원은 이 모든 사연을 요약하여 적고 소속 기관, 즉 남녀 선교회를 체크하고, 전화번호와 주소, 휴대전화와 이메일을 기록한다. 그리고 전도한 사람들의 이름, 직분, 그리고 구역을 기록한다. 마지막으로 새신자와 기도한 후 담당자에게 카드를 전달한다. 접견 차장은 이 모든 것을 정리하여 양육 차장에게 전달한다.

깨닫지 않고서는 참사랑의 모습을 보여줄 수 없기 때문이다. 이와 같은 형태로 진행되는 안내 위원, 접견 위원 학교는 5주로 진행되며 말씀 묵상 훈련과 새신자를 맞이하는 데 필요한 여러 가지 내용들을 훈련받음으로써 섬기는 예수 그리스도의 제자들이 되기를 힘쓴다.

새신자 양육

1) 양육 팀의 구성

양육 팀장, 양육 위원, 새신자로 구성된다. 양육 팀장은 남자 양

새신자 접견실 입구

육 팀장과 여자 양육 팀장이 있고, 이들의 주된 역할은 양육 위원과 새신자를 연결해 주고, 양육 위원을 지속적으로 관리하는 일이다. 양육 위원은 양육 위원 학교를 수료하고 새신자를 양육하는 역할을 감당한다. 약 200명이 새신자를 양육하고 있다. 새신자의 기준은 장석교회에서 접견을 마친 등록 교인으로서 접견 시에 양육 과정이 있다는 설명을 듣고 권면을 받아 7주의 양육을 받을 것에 동의한 신자를 말한다.

2) 양육 교재

교재는 장석교회에서 발간한 새신자 양육 교재인 『뿌리내리기』

를 사용한다. 총 7과로 구성되어 있다.

3) 양육 과정의 원칙

새신자 양육 교재인 『뿌리내리기』를 사용해서 매주 1주 과정씩 이수하여 7주 과정을 모두 이수하는 것을 원칙으로 하고 있다. 그렇지만 새신자의 형편이나 신앙의 정도에 따라 양육 위원의 판단 하에 어느 정도 융통성을 갖고 운영하기도 한다.

4) 새신자 양육 과정

① 7주의 새신자 성경 공부
- 새신자 접견 : 매주 주일 낮 예배(1부 예배, 2부 예배, 3부 예배, 찬양 예배, 수요 예배)시 접견 위원이 새신자를 접견하면서 새신자 접견 카드를 작성한다.

양육의 원칙

1. 가능하면 일대일로 동성 간에 실시한다. 단, 가족이나 특수한 상황일 때는 예외로 둔다.
2. 새신자와 비슷한 연령, 학력, 생활 수준으로 배치한다.
3. 양육 방법으로는 만남을 원칙으로 한다.
4. 반드시 양육 내용을 양육 카드에 간략하게나마 기록한다.

양육 수료자 명단의 공지

- 양육 받을 새신자 선별 : 교육 행정 팀에서는 접견 팀에서 넘겨준 새신자 접견 카드를 컴퓨터에 입력하고 그중에서 양육을 받겠다고 체크된 카드만을 선별하여 새신자 카드 뒷면에 개별 양육 카드(양식)를 만든다.
- 양육 위원 배정 : 남·여 양육 팀장은 각각 남·여별로 양육 카드를 나누어 가지고 귀가 한 후, 새신자를 성별, 나이, 신앙 정도 등을 감안하여 적합한 양육 위원에게 배정한다.
- 양육 위원에게 통보 : 양육 팀장은 주 중에 해당 양육 위원에게 전화를 걸어 양육을 맡게 되었음을 알린다. 양육 카드를 참고

하여 새신자와 만날 시간과 인적 사항, 신앙 정도, 특징 등 대략적인 내용을 미리 알려주고 기도하며 준비하도록 부탁한다.

- 새신자와 첫 만남 : 새신자를 양육하게 된 양육 위원은 주일 접견실 앞에 마련된 만남의 장소에 약속된 시간(대개의 경우 1부 예배, 2부 예배, 3부 예배 후 또는 찬양 예배 후)보다 약간 미리 도착하여 양육 팀장으로부터 양육 카드와 새신자의 이름표를 인계받고 기다리다가 새신자를 만난다.
- 새신자 성경 공부 시작 : 양육 위원은 새신자와 함께 양육실로 가서 새신자 성경 공부 교재 『뿌리내리기』를 가지고 매주 1회씩 총 7주 동안 성경공부를 인도한다.
- 새신자 성경 공부 수료 : 7주의 성경 공부 과정을 끝마치게 되면, 양육 위원은 양육 팀장에게 7주 동안 양육한 내용을 기록하여 양육 카드를 제출하고, 양육 팀장으로부터 수료 선물을 받아 새신자에게 전달한다.
- 새신자 수료식 안내 : 양육 위원은 새신자 성경 공부를 수료한 새신자에게 두 달에 한 번 새신자 수료식이 있음을 알리고 별도의 연락이 오면 필히 참석할 것을 부탁한다.
- 믿음 생활 독려 : 매주 주일예배 및 각종 모임에 적극 참석할 것을 권면한다. 새신자가 속한 구역과 구역장을 알려주고 구역 활동을 독려하며, 새신자가 속하게 될 자치 단체(남선교회, 여전도회)를 알려주고 적극 활동할 것도 권면한다. 가능하다면 주보에서 광고를 보고 해당 자치단체 모임에 새신자를 데려가 소개

양육 진행법

1. **준비** : 주 중에 양육 팀에서 연락, 양육 준비(새신자에게 전화, 만남 확인)
2. **만남** : 미리 와서 양육 카드 수령, 처음 만남
3. **양육 성경 공부**
   - 나눔 : 일주일 동안의 삶을 나누라(새신자의 삶, 양육 위원의 삶). '공감적인 듣기'
   - 교재의 모든 내용 : 양육 위원이 충분히 소화하고 있어야 한다(눈감고도 교재 내용을 알도록 소화하기).
   - 말씀 : 성경 말씀을 그대로 전하라. 말씀이 말하게 하라.
   - 간단한 체험 : 필요할 때 양육 위원의 정제된 체험을 전하라.
   - 적용을 권면 : 새신자가 나름대로 일주일 동안 적용할 수 있게 한다.
   - 기도 : 새신자의 복된 삶을 간구하라. 일주일의 삶을 위하여 기도하라. 새신자가 양육을 통하여 하나님의 말씀과 사랑을 경험하도록 기도하라.
4. **양육은 반드시 7과까지 진행**
5. **양육 마무리 절차**

   축하 선물을 전달하고 기도로 마치라(기도는 새가족부 담당 교역자, 부장에게 부탁하라).

   새신자 양육 수료식 및 환영 잔치를 안내하라.
6. **지속적인 관심**

새신자 팀의 봉사자들에 대한 소개

한다. 교회 학교 교사, 찬양대, 주차 안내, 안내 위원, 접견 위원, 양육 위원 등의 교회 봉사 및 장석교회 돌곶이 성경 공부 등에 참여할 것을 안내한다.

② 양육 과정을 수료한 이후
- 해당 구역장과 자치단체 회장에게 통보 : 새신자가 7주 과정의 성경 공부를 수료한 사실과 전화번호를 해당 구역장과 남·여 선교회 회장에게 알려주고 빠른 시일 안에 연락을 취하여 함께 활동하도록 부탁한다.
- 계속 돌봄 : 양육 수첩에 새신자의 연락처, 생일, 구역, 인도자,

가족 관계, 특기 사항을 기록해 놓는다. 이후에도 신앙생활을 잘하는가를 살피며, 특히 생일이나 애경사에 전화나 편지 등을 이용하여 연락하며, 지속적인 관심을 보인다.

- 새신자 수료식 통보 : 두 달에 한 번 주일 찬양 예배 시에 새신자 수료식 및 환영 잔치가 있음을 알린다. 7주 과정의 성경 공부를 수료한 새신자(약 100여 명) 모두에게 개별적으로 연락을 취한다. 예배 30~40분 전에 접견실에 미리 참석하도록 한다.
- 새신자 수료식 및 환영 잔치 : 새신자가 접견실에 들어올 때 이름표를 가슴에 달아주고 수료식을 준비한다. 수료식 절차를 알려 주고 본당의 지정된 좌석으로 새신자를 인도하여 예배 및 수료식에 참여하게 한다.

수료식 후에는 접견실에서 새신자 환영 잔치가 열린다. 새신자는 교구별로 배치된 자리에 가서 앉는다. 담임 목사의 축하의 말씀이 있고, 새신자가 속한 교구장과 교구 교역자 소개가 있다. 이어서 교회에서 준비한 음식을 나누며 담소를 나눈다. 교구별 모임을 마치면 이름표를 반납하고 귀가한다.

③ 편지 양육

일대일로 만나서 양육을 하지 못하는 새신자는 계속해서 서신으로 돌본다. 주로 전도 엽서 양식을 이용한다.

첫 주에는 하나님이 형제, 자매를 사랑하셔서 예수님을 믿게 된 것과 앞으로 6주 동안 계속 편지를 보내겠다는 내용으로 가볍게 접근한다.

양육 위원 양육 지침

1. 하나님께서 양육 위원에게 하나님의 양을 맡기셨기에 두려운 마음으로, 최선을 다해서, 기도하면서 양육을 진행해 주시기 바랍니다.
2. 양육은 예수 그리스도의 복음을 깨닫고, 기도와 말씀을 배우며, 하나님을 사랑하며 예배하는 것, 전도를 배우는 중요한 제자 훈련의 과정이기도 하기 때문에 반드시 7주 동안 진행합니다.
3. 양육 진행 시간은 차분한 여유를 가지고 약 30분간 진행을 원칙으로 합니다.
4. 양육이 진행되는 동안 새신자와 함께 해당 구역장, 남·여 선교회 회장, 새신자 담당자 등을 만납니다.
5. 양육을 마칠 때 쯤이면 구역, 남·여선교회, 돌곶이 성서 대학, 프로그램, 세례, 입교, 봉사할 수 있는 영역 등의 소개를 합니다.
6. 양육 위원은 명찰을 달고 양육을 진행합니다.
7. 양육 1과 진행 시에 새신자와 교회를 다니면서 교회를 소개하는 시간을 가집니다.
8. 양육 수료식이 있음을 알리고, 양육 수료식에 함께 참여합니다.
9. 양육 후 1년 동안 새신자의 믿음 생활과 교회 생활을 돌봅니다.

둘째 주에는 하나님은 사람들의 구원을 위해서 독생자인 예수님을 내어주셨다는 내용으로, 셋째 주에는 하나님의 사랑을 입고 지음 받은 사람이 하나님의 명령을 어김으로 죄를 범하게 되었다는 내용으로, 넷째 주에는 사람의 죄를 해결할 수 있는 분은 오직 예수 그리스도라는 내용으로, 다섯째 주에는 믿음으로 그리스도를 구주로 영접하면 놀라운 변화가 일어난다는 내용으로, 여섯째 주에는 예수님을 믿고 은혜 받으면 믿음 안에서 어떠한 고난과 역경도 이겨낼 수 있다는 내용으로 서신을 보내면서 구원의 메시지를 전달한다. 또한 서신을 보낼 때 전도 엽서와 함께 담임 목사의 환영서와 그 주간의 주보도 보낸다.

양육 위원 제도를 통한 새신자 정착

양육 위원 학교 운영의 실제

양육 위원을 선정하는 것은 양육 목회에서 가장 중요하게 다루어야 할 사항이다. 양육 위원을 계속적으로 양성할 수 있는 사람과 교육과정이 존재한다면 그 교회는 미래가 있다고 본다.

① 알리는 단계

일반적으로 교회의 기존 교인들은 새신자와 관련된 부서에서 일하는 것을 부담으로 여긴다. 그러나 장석교회에서는 일차적으로는 모든 사람에게 새신자를 돌볼 수 있는 기회를 알린다. 이러한 일들

새신자가 양육실에서 1:1 양육을 받는 모습

은 새신자 부서를 전담하는 교역자에게 그 권한을 부여하고 있다. 새신자 부서 담당 교역자는 수년 간 혹은 1년 이상 성도들의 신앙생활 모습과 봉사하는 모습을 관심을 가지고 지켜보면서 선발 준비 과정을 갖는다.

최근에는 새신자 가운데서도 가능하면 양육 위원을 선발할 계획을 가지고 있다. 물론 예수를 처음 믿는 초신자가 아닌 다른 교회에서 봉사를 하다가 부득이한 사정으로 교회를 옮긴 사람들에게 섬길 수 있는 기회를 제공하는 것이다.

② 기도 후원자를 정하고 기도하는 단계

일단 양육 위원 대상자들에게 연락을 하고 그들이 기도하면서 결정하도록 돕는다. 그리고 일단 승낙을 하게 되면 그 사람을 위한 일대일 기도 후원자가 정해진다. 이때부터 양육 위원 학교가 끝날 때까지 계속해서 기도 후원자로 남게 된다. 예비 양육 위원에게는 누군가 기도하고 있다는 사실만 알리고 구체적으로 이름을 밝히지는 않는다. 그리고 나중에 수료식을 할 때 함께 참여하여 기쁨을 나눈다. 양육 위원 대상자가 정해지면 그 사람의 신상 내역을 교적부와 교역자들의 조언을 통하여 파악하여 기도 파일을 만든다. 그래서 해당 기도 후원자에게는 그 사람에 관한 파일만 갖게 하고 교역자나 새가족부의 핵심 요원들은 그들 전체 인원을 놓고 계속해서 기도하도록 한다.

③ 양육 위원 학교의 실제 단계

대체적으로 양육 위원 학교를 운영하는 데는 20명 안팎의 인원이 필요하다. 장석교회에서는 양육 위원 학교를 교회의 성인 교육 프로그램에 포함시키고 30명 정도로 운영하는 계획을 가지고 있다. 특별히 부부들을 중심으로 선발하여 운영하려 한다. 부부들을 중심으로 훈련을 시켜서 새신자 가정들을 양육하면 효과가 좋기 때문이다. 교육 기간은 13주 동안이다. 단기간이기 때문에 13주간 1회 이상 결석할 경우에는 수료가 되지 않는다. 수업 시간은 주일 오후 4시 30분부터 시작해서 7시 30분까지 3시간 동안 진행된다.

양육 위원들이 교육받고 있는 모습

④ 양육 위원 학교 중점 사항

특별히 전도와 개인 경건의 방법은 전체 양육 위원 교육 가운데 가장 중요한 내용이다. 양육 위원은 전도를 알아야 한다. 이론적으로 뿐 아니라 실제적으로도 알아야 한다. 또한 개인의 경건 훈련은 아무리 강조해도 지나치지 않다. 개인적으로 경건의 시간을 정기적으로 지속할 수 있는 사람은 양육 위원의 중요한 자질을 겸비한 사람이라고 볼 수 있다.

⑤ 양육 위원 학교의 과제

양육 위원 학교의 교육 과정은 출석과 신약성경 문제 만들기 그리고 양육 실습으로 이루어져 있다. 출석은 특별히 공부하는 동안에 제일 강조한 것 중의 하나로 시간을 절대로 엄수할 것과 과제를 충실하게 해오는 것이다. 신약성경 문제 만들기는 신약성경을 13주로 나누어 100문항씩 문제를 만들어 오게 하는 것이다. 장기적으로 볼 때 양육 위원의 최고의 자산은 하나님의 말씀이기 때문에 가능하면 말씀과 관련된 과제를 내주는 것이 좋다. 학생들의 상황과 형편을 고려하여 성경을 암송을 하게 하는 방법도 매우 좋은 방법이다. 마지막으로 양육 실습은 실제로 새신자를 양육해 봄으로써 양육이 이론만이 아닌 실제로 영혼을 살리는 일임을 깨닫게 한다. 이러한 과정들은 아주 좋은 반응을 얻고 있다. 이때 여건만 허락된다면 자신이 한 사람을 전도하게 하고 그 사람을 양육해보는 것도 좋을 듯하다.

⑥ 양육 위원 학교의 교육 준비

가장 중요한 준비는 기도로 준비하는 일이다. 장석교회의 양육 위원 학교에서는 먼저 양육 위원 예정자들에게 기도로 준비하고 결단해 줄 것을 요구하고, 작정한 양육 위원 학교 학생들을 위하여 일대일로 기도 후원자를 정하고 기도로 준비한다.

실제적인 준비로 먼저 양육 위원 학교에서는 양육 위원들을 위하여 찬양집을 간단하게 만든다. 두 번째, 매주 같은 자리에 앉지 않도록 준비한다. 여러 가지 대형으로 자리를 준비하여 그들에게 신선한 느낌이 들도록 한다. 그리고 매주 다양한 식사(햄버거, 김밥, 피자, 정식 등)를 준비한다. OHP나 파워포인트를 활용하여 교육을 진행한다. 마

양육 위원회 학교 진행

- 선발을 광고하고 알리는 단계(최근에는 장석교회 성인 교육 프로그램 속에 흡수됨)
- 기도하는 단계(교역자가 권고하여 기도하여 결정하게 함)
- 기도 후원자를 정하는 단계(양육 위원으로 봉사할 것을 결단하면 이때부터 기존 양육 위원을 일대일로 정하여 기도하게 함)
- 주보에 광고(양육 위원 학교를 광고함)
- 양육 위원 학교 개교(매주일 오후 5시30분~8시)
- 양육 위원 학교 교육 (13주간 매주 실시)
- 담임 목사 격려의 시간(마지막 강의)
- 양육의 실제 경험(13주를 마치면 직접 새신자를 연결하여 양육을 경험케 함)
- 양육 위원 학교 수료식(새가족부 관련 주일 오후 찬양 예배 시)
- 정식 양육 위원으로 임명하고 활동함

지막으로 새가족부 핵심 부원들로 하여금 당번들을 정하여 철저하게 섬기도록 한다.

⑦ 마지막 강의와 수료식

마지막 시간에는 담임 목사와 함께하는 시간을 가진다. 이 시간에는 특별히 촛불 예배를 드린다. 양육 위원으로서 성실하고 바르

양육 수료 환영식

게 양육할 것임을 스스로 결단하는 예배를 드린다.

특별히 교회를 담임하는 목회자가 참석하여 메시지를 전함으로써 교회에서 양육 위원으로 봉사하는 일이 얼마나 중요한가를 상기시킨다.

수료식은 새가족부 헌신 예배를 겸하여 준비하며 전체 교인들 앞에서 축하해 주고 인정해 주는 의식을 갖는다. 이때는 수료증을 수여하고 수료자 중에 한 사람의 간증과 양육 사례를 듣는 시간을 갖는다.

양육 위원 제도 운영

한 사람의 차장과 그 밑에서 돕는 조교가 두 사람 있다. 주로 양육 위원과 새신자를 연결시키는 기능을 감당하고 새신자와 담당 교역자 간의 연결을 용이하게 한다.

양육 위원의 운영은 다음과 같은 원리를 두고 이루어진다. 첫째, 양육은 가능하면 일대일로 동성 간에 실시한다. 단, 가족이나 특수한 상황일 때는 예외를 둔다. 둘째, 새신자와 비슷한 연령, 학력, 생활 수준으로 배치한다. 셋째, 가능하면 8주 안에 양육 교재를 마친다. 넷째, 만남이 불가능할 때는 서신으로 양육한다. 다섯째, 반드시 양육 보고서를 쓰게 한다.

그리고 양육 위원은 매년 2회에 걸쳐 새신자 위원회 수련회를 가진다. 새신자를 양육해야 하는 영적 최전선에 나아가 있는 새신자 양육 위원들이 먼저 영적인 부흥과 은혜를 경험해야 한다. 그래서 새신자 위원회 전체가 모여 수련회를 가짐으로써 영적으로 재무장하고 충분히 은혜 받는 시간을 가진다.

새신자 정착 보완점

지금까지의 새신자에 대한 내용을 정리해서 '신앙생활 지침서' 형식의 새신자 안내 책자를 발간하고, 새신자 게시판, 사진첩 등을 제작하고, 교회 내 새신자석 배치 등을 통해 새신자에 대한 홍보를 활성화시키려고 한다. 새신자 정착을 위한 직접적인 프로그램으로는 새신자 심방 계획을 수립하고, 차후 연결될 구역의 담당 목사나 교구장 장로, 구역장 교구 총무와 자연스럽게 만남의 시간을 갖도록 새신자 식사 초대를 프로그램화 할 계획을 가지고 있다. 양육을 할 때에는 성경 공부 뿐만 아니라 교회 소개 및 교회 내 동호회나 특별 활동에 대한 소개를 더욱 구체적으로 하는 부분도 연구 중이다. 또 양육이 끝난 후 새신자 환영 파티에 대한 계획을 검토 중에 있고, 신앙 서적이나 찬양 CD 등을 선물로 보내는 것도 계획하고 있다.

새신자 정착
실천 가이드

1_ 가능하다면 새신자 안내, 접견, 양육 부서의 역할 분담을 실행하라. 각 담당 부분의 전문성을 키울 수 있고, 새신자 사역에 시너지 효과를 볼 수 있다.

2_ 양육은 사람에 대한 사역이라는 것을 기억하라.

3_ 양육을 잘하려면 양육 위원을 잘 세우고 훈련시켜야 한다. 양육 위원 학교를 통해 양육 위원 제도를 운영하라. 그리고 양육 위원을 양성하는데 교회 차원에서 최선을 다하라.

온 성도가 가족같은 분위기인 중소형 교회에서는 새신자로 하여금 자신만 어울리지 못한다는 느낌을 받지 않도록 좀 더 친밀감을 느끼게 해주는 것이 중요하다. 중소형 교회 새신자 정착 프로그램의 다양한 방법을 모색해보고자 성민교회의 'OT 예배'라는 새신자 정착 사역의 새로운 사례를 소개해 보고자 한다.

| 편집자 주 |

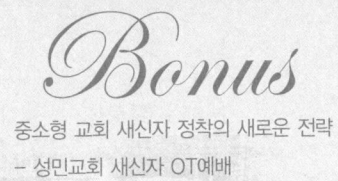

중소형 교회 새신자 정착의 새로운 전략
– 성민교회 새신자 OT예배

OT 예배로 마련하는
새신자와 기존 성도의 접촉점

오리엔테이션 열린 예배의 시작

2월 중순에 대학 캠퍼스를 가보면 어딘지 모르게 어색해 보이는 무리들을 만날 수 있다. 그들은 바로 신입생들이다. 대부분의 대학들은 입학식을 하기 전에 학생들에게 오리엔테이션을 실시한다. 오리엔테이션을 통해 신입생들에게 대학 생활에 필요한 여러 가지 정보를 알려준다.

학교 차원에서는 학교의 역사나 중요한 학사일정, 행정적인 절차 등 학교생활에 대한 큰 틀을 알릴 기회가 된다. 여기에 빠지지 않는 것이 바로 선배들과의 만남이다. 앞으로 학교생활을 하는데 있어서 도움을 줄 수 있는, 그리고 다양한 분야에서 같이 생활하게 될 사람들을 만나는 것이다. 선배들은 학교생활에 필요한 보다 자세한 정보들을 신입생들과 다양한 접촉을 통해 알려준다.

오리엔테이션의 궁극적인 목적은 단어가 함축하고 있듯이 학교

생활의 방향성에 대해 알려줌으로써 학교에 소속감을 갖게 하고, 앞으로 학교생활을 보다 수월하게 할 수 있도록 도와주는 것이다. 물론 이 행사를 통해 모든 것을 알려 줄 수는 없지만, 오리엔테이션을 통해 새로운 환경에 들어가려는 사람들에게, 그 개요를 이해시켜 새로운 환경에 적응을 위한 마음 자세를 갖도록 하는 진로 지도의 기능을 담당할 수 있다.

성민교회(김영희 담임 목사, 서울시 강동구 상일동에 위치)에서 실시하는 오리엔테이션 열린 예배(이하 OT 예배)는 대학에서 실시하는 오리엔테이션 행사에서 착안한 것이다. 교회에 처음 나온 사람들에게 교회의 일원으로서 소속감을 심어주기 위해 교회의 역사 및 실제로 교회에서 실시하고 있는 다양한 행사, 부서 소개 등 앞으로의 신앙생활에 대한 큰 틀을 제공해 주는 것이다.

또 다른 의미에서 OT 예배의 시작은 심리학적 통찰에 기인한다. 처음으로 교회에 온 사람들 중 적지 않은 사람들이 다시 교회를 떠나고 만다. 교회를 떠나는 사람들이 무심코 던지는 말들을 들여다 보면 "무슨 말인지 통 모르겠어. 끼리끼리만 통해. 교회? 역시 듣던 대로 실망이야!" 등의 불만이 대부분이다. 아마도 이 문제에 대한 고민은 대다수 교회들이 공감할 것이다.

이런 점을 고려해 보면 일반적으로 교회에 나오지 않는 사람들에게 교회의 이미지는 부정적으로 오리엔테이션(orientation)되어 있는 경우가 많은 것 같다. 사람의 심리는 초기에 오리엔테이션(orientation)된 사고에 따라 신뢰 관계를 형성하는데, 초기에 기독교가 부정적으로 오리엔테이션 되었다면 부정적 선입견으로 인하여 교회 생활에 적응하기란 쉽지가 않을 것이다.

결국 OT 예배는 새로운 신자들에게 교회에 관한 전반적인 것을 소개하여 신앙생활에 유익한 정보들을 제공하며, 일반적으로 교회에 대해 혹은 기독교에 대해 잘못된 선입견을 가지고 있는 사람들을 교회에 초대하여 기독교가 가지고 있는 긍정적인 사고를 심어주는 목적으로 시작된 예배라 할 수 있다.

OT 예배의 진행과 특징

성민교회 OT 예배의 가장 큰 특징은 교회의 모든 구성원이 모여서 자신의 부서를 '신입생-새신자'들에게 소개한다는 것이다. 그렇기에 이 예배는 200명 이하의 규모의 교회에서 실시하기에 알맞은 형태이다. 물론 이것을 부서별로 세분화하여 실시할 수 있지만, 신입생들에게 전체적인 것을 보여준다는 차원에서 보면 원래의 취지를 100% 살리기는 어려울 것이다.

OT 예배는 교회에 익숙하지 않은 사람들(새신자 혹은 처음으로 교회 온 사람)을 환영하는 목적이 있다. 하지만 단순히 새신자들을 환영하는 행사에 그치는 것이 아니라 교회의 활동과 사역을 소개하고 그들이 함께할 소그룹(부서)을 소개함으로써 교회에 대한 소속감을 갖게 하는 것이 궁극적인 목적이다.

이 예배에서 중요한 것은 홍보다. 교회는 6개월 전부터 주보에 공

| OT 예배 진행의 실제

순 서		진행 시 유의 사항	준비물
새신자 환영사		담임 목사가 예배의 시작과 함께 환영사를 준비한다.	환영사, intro 배경 음악
교회 역사		교회의 역사가 담긴 동영상 혹은 사진들을 편집하여 교회 소개 영상을 만든다.	교회 역사 동영상 1. 건축(이사) 과정 동영상 2. 전년도 행사들 모음 동영상
각 부서 소개	부서별 행사	부서만의 특색을 담아 행사를 준비한다.	부서별 행사 ex) 워십, 마술, 찬양, 콩트 등
	부서 소개	부서의 대표가 나와 자신의 부서를 소개한다. 구성원, 특징, 비전 등을 나눈다.	부서 소개 멘트
	새신자 소개	부서별 소개가 끝나면 해당 부서에서 전도한 혹은 그 부서에 해당되는 사람을 모든 사람들에게 소개한다.	새신자 이름표(목걸이)
	선물 증정	각 부서에서 준비한 기념품과 교회에서 준비한 기념품을 증정한다.	장미꽃 한 송이, 부서별 기념품
교회 소개		교회 구석구석을 촬영하여 보여준다. 교회 생활에 꼭 필요한 정보들이 무엇인지 알려준다. ex)교회 차량 운행 시간, 주변의 저렴한 식당 등	교회 건물 탐방 사진, 교회 주변에 관한 정보들
비전 선포		교회의 비전을 선포한다. 복음에 대해서도 소개한다.	교회 비전을 ppt 자료로 만든다.
성민의 노래		모든 교인이 자리에서 일어나 성민교회가를 부른다.	교회 노래가 없으면 전 교인이 같이 부를 수 있는 찬양을 준비한다.
축복 기도		담임 목사의 기도로 행사를 마친다.	
기념 촬영		새신자들 모두 기념 촬영을 한다.	카메라

지하고 각 소그룹에서는 개인들이 스스로 초대장을 만들어 연령, 성별을 초월해 각자의 손님을 초대한다.

준비 기간은 약 6개월 정도로, 행사를 위해 관계 전도 등 다양한 방법들을 통해 기존 교인들에게 전도할 수 있도록 독려한다. 혹은 지속적으로 교회에 나오지 않는다 하더라도 한 번도 교회에 와보지 못한 사람들로 하여금 '교회 문턱'을 넘을 수 있도록 유도한다. 그렇기에 비교적 가벼운 마음으로 사람들을 초대하는 것이다.

OT 예배는 담임 목사의 새신자를 환영하는 환영사로 그 막이 열린다. 교회 소개와 교회의 비전 방향, OT 예배에 대한 예배 선언으로 설교를 대신한다. 성도들의 뜨거운 환호와 시작된 OT 예배에는 교회의 역사가 동영상으로 소개된다. 예배는 별도의 사회자가 진행하도록 한다. 사회자는 재치 있는 사람으로 선정하여 눈물과 웃음과 감동으로 프로그램을 진행하게 한다. 사회자가 순서에 따라 소그룹을 소개하면 소개된 부서는 무대로 등장하여 자신들이 준비한 프로그램을 진행한 후에 그룹의 리더는 자기 그룹의 연령, 역할, 사역, 비전 등을 재미있게 소개하고 해당되는 새신자를 무대로 초대하여 그룹원들과 함께 꽃다발과 준비한 선물을 주면 전 교인들이 박수로 환호한다.

OT 예배 평가

OT 예배의 특징은 새신자들에게 교회 전체적인 상황들을 소개함으로써 새로운 환경에 대한 친근감을 가질 수 있도록 하고 더 나아가 소속감을 가질 수 있도록 하는 것이다. 예배를 통한 또다른 효과는 예배의 준비 과정을 통해 구성원들의 응집력을 키울 수 있다는 것이다. 또한 예배가 다양한 형식으로 진행되기 때문에 특정한 것에 얽매이지 않고 각자가 가지고 있는 다양한 창조성을 발견하고 이를 발현할 수 있는 기회가 된다는 것이다.

실제로 교인들은 다양한 '끼'를 가지고 있다. 그러나 교회라는 공간의 특성상 이러한 끼가 발현될 수 있는 환경이 제공되기 힘들다. 하지만 OT 예배는 성도들이 가지고 있는 다양한 '끼'를 발현할 수 있는 자리를 제공하기 때문에 다양성과 재미라는 측면, 그리고 성도의 자발성 측면에서 탁월한 효과가 있다.

OT 예배를 통한 비가시적이고 잠재적인 효과 중 첫째는 처음 교회에 나온 사람들에게는 교회라는 곳이 그렇게 이질적인 공간이 아니라는 인식을 심어줄 수 있다는 것이다.

그리고 교회에 등록은 했지만 아직까지 소속감을 가지지 못한 사람들에게 우리 교회라는 소속감을 심어 줄 수 있는 기회를 제공하는 것이다. 또한 새로운 사람들을 교회에 데려오기 위해서 받는 '거룩한 스트레스'는 교인들로 하여금 전도의 중요성과 필요성에 대해 인식하게 하고 지속적으로 전도에 동참할 수 있는 기회를 제공해 준다.

OT 예배는 '신입생'들에게 새로운 환경을 소개하는 예배이다. 정형화된 모습이 아니라 전 교인이 같은 공간에 참여하여 각자가 가지고 있는 다양하고 재미있는 방법을 통해 서로를 소개하는 것이다. 이러한 예배는 구성원들로 하여금 '하나 됨'을 경험하게 하고, 새로운 '신입생'들에게는 새로운 환경에 대한 낯설음을 제거시키고, 더 나아가 처음으로 교회의 문턱을 넘은 사람들에게는 교회에 대해 잘못 오리엔테이션 되어 있는 선입관을 바꾸게 하는 것이다. 예배에 참석한 모든 사람들이 이러한 방향으로 오리엔테이션 될 수 있도록 하는 것이 OT 예배의 진정한 목적이다.

교회성장연구소 전도 Collection
한국교회 새신자 정착모델 베스트 4

초판 1쇄 발행	2009년 9월 30일
엮은이	교회성장연구소 월간 「교회성장」 편집부
펴낸곳	교회성장연구소
발행인	조용기
편집인	홍영기
편집국장	신성준
편집장	이봉연
기획 및 편집	최진영, 김창범
디자인	조성미
마케팅 팀장	이승조
마케팅	안태웅
등록번호	제12-177호
주소	서울시 구로구 구로동 구로디지털 우체국 사서함 50호
전화	02-2109-5761
팩스	02-2109-5720
웹사이트	www.pastor21.net

책 가격은 뒤표지에 있습니다.

ISBN : 978-89-8304-147-0 03230
잘못 만들어진 책은 바꾸어 드립니다.